池上彰の就《しゅう》職《しょく》読《とく》本《ほん》

～就職難もまたチャンス～

はじめに

いきなりですが、まずは就職活動に関する用語についてのクイズです。

今の学生は、なんでもかんでも略してしまいますね。よく聞く「シューカツ」だって、「就職活動」の略語です。

では、次の用語は、何のことでしょうか？

> **Q　シューカツ用語テスト**
>
> **①みん就　②ガクチカ　③お祈り**
>
> **④二年参り　⑤コミュ力／コミュ障**

まず、①の「みん就」。これは、インターネットサイト「みんなの就職活動日記」の略語です。

就職活動のリアルな体験談を学生が書き込む人気の掲示板で、就職活動をしている学生のほぼ一〇〇%が見ていると言われています。個別企業の試験や面接などの情報収集の場となっています。

②「ガクチカ」とは、エントリーシート（企業に事前に提出する応募書類）や面接で、よく聞かれる質問「学生時代に力を入れたことは何ですか?」の略語です。よく聞かれるので、学生が最も力を入れて考えるテーマのひとつになっています。

③「お祈り」とは、不採用の際に企業から届くメールに書かれている「今後のご活躍をお祈りします」の短縮形。学生の間では、「落ちた」を意味します。例としては、「俺、あの企業から『祈られた』わ」などのように使います。不合格の通知すらもらえないときには、「黙祷《もくとう》」というそうです。

④「二年参り」とは、就職が決まらずに就職留年した学生が、翌年も同じ企業を受けることを言います。就職難が続く近年、よく見られる現象です。

ただし、その努力が報われるかどうかはわかりません。「そんなにわが社に入りたかったのか」と熱意を買ってくれる会社もあるでしょう。その一方で、「去年の人事担当者が不採用を決めたのに、今年採用したら、去年の担当者の判断が間違っていたと批判することになってしまう」と判断してしまう企業もあります。

この対策としては、「去年落とされて以降、自分はこう変わって、このように成長した」点をアピールすることです。それなら、「去年より成長したので今年は採用を決めました」と、人事担当者が社内向けに言い訳できるからです。

⑤の「コミュ力」は、「コミュニケーション能力」であり、「コミュ障」は「コミュニケーション障害」つまりコミュニケーション能力に欠けるということです。社会に出れば、コミュニケーション能力は必須です。そうである以上、企業の採用担当者は、応募してきた学生のコミュニケーション能力を重視します。

さて、あなたは、どれくらい解けたでしょうか。

大学生の就職難が続いています。二〇一一年春に卒業した大学生の就職率は九一・一%。文部科学省と厚生労働省が統計を取り始めた一九九七年以降で最低を記録しました。これは、前年より〇・七ポイントの悪化です。

二〇一一年春の大学卒業生は約五十五万五千人。三十七万人が就職を希望しましたが、このうち三万三千人が就職できなかったとみられます。

ただし、ここには統計のマジックがあります。「三十七万人が就職を希望」とありますが、就職活動がうまくいかずに、途中で就職を諦めてしまうと、「就職希望者」でなくなってしまうからです。就職希望者の実数は、もっと多かったはずです。となれば、実際の就職率はもっと低いでしょう。

今後の就職戦線は、どうなるのか。二〇一一年三月に発生した東日本大震災により、多くの企業が打撃を受け、新規採用を絞る動きが広がっています。この時期に就職活動をする若者たちの中には、「自分はなんて運が悪いんだ」と思っている人もいることでしょう。でも、本当にそうなのでしょうか。

日本経済がバブルに浮かれていた一九八〇年代後半は、就職活動をする学生にとって、〝バラ色の人生〟でした。多くの学生が、何社からも内定を取ったものです。企業側も、内定を出した学生が他社の内定も取っていることを知っていましたから、正式採用が決定する時期には、「囲い込み」に走りました。先輩社員が、内定した学生を引き連れて、リゾートホテルに缶詰にしたり、ディズニーランドに遊びに連れ出したりと、あの手この手で引きとめたのです。

こんな就職活動を経験した若者たちは、入社への心構えができないまま就職しました。当然のことながら、社内の上司や先輩たちからは、評判の悪いこと。「バブル入社組」と悪口を言われ、希望に燃えていた新入社員たちは、いきなり落ち込んだものです。

会社になじめず、まもなく退職する若者も相次ぎました。こうなると、先輩たちの視線はますます厳しくなります。いたたまれない思いで会社人生を送った人たちの話をよく聞きます。

就職活動が、なまじ楽だったために、「社会に出ること」の意味をよく考えないまま、会社を甘く見て就職した人たちが、その後、大変苦労をしたのです。

その点、あなたは、幸か不幸か、「第二の就職氷河期」と言われる時代に就職活動を始めています。生半可なことでは就職の内定が出ないことを知っています。内定を取るためには、志望企業の研究は欠かせません。その過程で、あなたは、「就職すること」の意味を考えるようになるでしょう。

と同時に、自分がどんな職種に向いているのか、どんな社風の企業が好みか、自覚できる絶好のチャンスでもあります。

「危機」という文字には、「機会」の「機」が入っています。就職難だからこそ、これをチャンスに変えることができるのです。

この本は、就職試験問題や対策についても触れていますが、単なる就職読本ではありません。社会に出ようとするあなたを応援する本なのです。いわゆる就職活動マニュアルについては、敢えて書かなかった部分もあります。書いてしまうと、それを金科玉条のように受け止めてしまう学生がいるからです。

あらゆる場面でマニュアルに頼る学生が増えています。企業は、そういう学生を嫌います。マニュアルにとらわれず、自分の頭で判断して行動する。そういう学生を求めているのです。

そこで、ノウハウを身につけようとせずに、自分を見つけるきっかけとして、この本を役立てていただければ、これほど嬉しいことはありません。健闘を祈ります。

二〇一一年七月

ジャーナリスト　池上　彰

目次

4章 企業のどこを見るべきか～会社・業種選びのコツ教えます

6章　就活中のあなたへ

1章
企業は「就職試験」で何を見ているか？

I

就職活動は、こう行なわれる

まずは、就職活動の概要を知っておきましょう。

就職活動の流れ

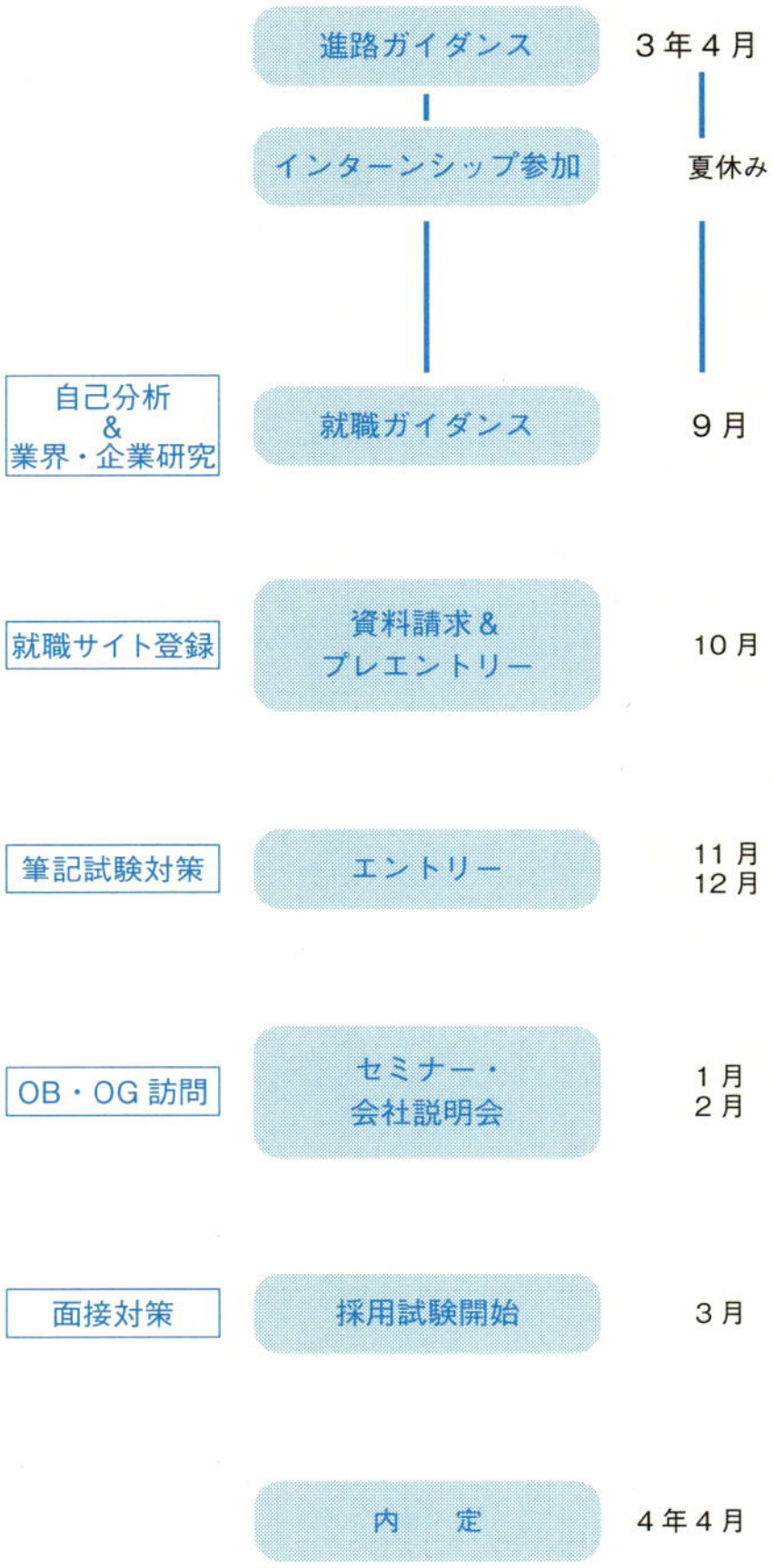

大学三年から始まる就職活動

今の就職活動は、大学三年の四月から本格的に始まります。最近では、大学に入学してすぐの頃から、二年後に迫る就職活動を意識させる**進路指導ガイダンス**などが定期的に開かれます。

三年生の四月頃のガイダンスでは、就職活動では、いつ何をすればいいかなど、具体的に説明してくれる大学もあります。

最近では、**インターンシップ**を導入している企業も多く、夏休みを利用して、一～二週間の期間、興味のある会社の業務を体験したりすることもできます。インターンシップへの参加予約は、大学の就職課やキャリアセンターが窓口となっているのがほとんどです。

三年の九月頃には、自分が何に興味や関心があるのか、自分の長所や短所は何か、それを生かせる仕事は何か、その仕事は実際にどんなものか、などを考え始めます。これは、**「自己分析」**や**「業界研究」「企業研究」**などと呼ばれます。自分に合った会社を見つけるための手順です。

企業へのアプローチ開始

企業への最初のアプローチが、**資料請求**と**プレエントリー**です。三年の十月頃がスタートです。就職サイトへの登録をする頃です。

資料請求では、志望企業の会社案内や採用情報などの資料を取り寄せます。これは企業を知るための第一歩でもあります。

就職サイトや会社のウェブサイトから登録を行なうのがプレエントリーです。これをしておけば、会社から説明会やセミナーなどのお知らせが届きます。**この最初のアプローチを「プレエントリー」と呼び、実際にエントリーシートを提出することを「エントリー」と呼ぶ企業もありますし、この最初のアプローチも含めて「エントリー」と呼ぶところもあります。**

有名な就職サイトは、**「リクナビ」「日経就職ナビ」「マイナビ」「就活ナビ」「エンジャパン」「学情ナビ」**などです。それぞれ登録されている会社が違うので、複数のサイトに登録しておけばよいでしょう。就職サイトに登録すれば、企業情報や説明会の情報などもつかめますし、それぞれ特徴あるインタビューやブログなど、役立つ情報を得られます。

三年の十一月頃には、実際のエントリーを行ないます。エントリーの時には、履歴書やエントリーシートを提出します。

エントリーシートに記入する内容で多いのは、**自己PRや長所・短所、志望動機、大学でやってきたこと**、などです。凡庸な内容では目立ちません。これまで温めてきた自己分析や業界・企業分析を生かして作成することが肝心です。

事前チェックのための試験・検査

筆記試験は、大きく分けると、**「適性検査」**と**「一般常識」**に分けられます。適性検査は、採用基準をクリアしているかどうかを確認するために使われるものであって、これができたから合格、というものではありません。一般常識は、言語能力、計算能力、判断力、記憶力など、広い範囲の能力が見られます。これも、得点が低ければ、次の段階に進めません。

適性検査では、**「能力適性」**と**「性格適性」**がチェックされます。一般的に広く使われているのは**「SPI2」**と呼ばれる検査です。SPI2の内容は、「国語」「数学」「性格適性検査」です。

適性検査には、SPI2の他にも、似たような検査や、まったく別種のものなど各種あります。「Webテスト」は、指定された会場や自宅で、パソコンを利用して受検（験）します。業界により、使われる検査が異なり、それぞれの検査の内容も少しずつ違いますが、どれもスピードが求められる、「慣れ」が必要な検査です。こうした検査への対策のための問題集は、多数出ています。

最近は、「コンピテンシー採用」を試験的に実施している企業があります。コンピテンシーとは、職務で優れた行動に結びつく個人特性のことです。偏差値が高いからといって入社後の成績がいいとは限らないし、同じ能力があると考えられても、会社で同僚とうまくいかなかったりすることから、注目されるようになった概念です。具体的には、他人と親しくなりやすいかどうか、他人の話をきちんと聞けるかどうか、職場を明るくする雰囲気を持っているかどうか、などを評価するようになってきたのです。

一般常識は、国語・数学・理科・社会・英語の中学・高校レベルの問題と時事問題が満遍なく出題されるケースがほとんどです。範囲が非常に広いので、すべての準備は物理的に無理でしょうが、五教科の中・高の基礎問題と、志望する業界・業種に関する常識程度は押さえておきましょう。

会社説明会で会社を知ろう

三年の一月頃には、セミナー・会社説明会が行なわれます。これにもいろいろあり、イベントホールなどで数十社の企業が集まっているのが「合同説明会」、同じ業界の数十社が集まっているのが「業界説明会」、各企業が単独で行なっているのが「個別企業説明会」です。「個別企業説明会」は、エントリーが必要な場合も多いので、興味のある会社については、情報を見逃さないようにしましょう。

会社説明会では、直接その会社の人に会えるので、会社の雰囲気を感じとることができます。合同説明会や業界説明会は、企業と効率よく接触できるチャンスです。個別企業説明会では、企業の側は学生をよく見ているものです。後々まで悪い印象を残さずに、しかし、できれば顔を覚えてもらえるように説明会に臨んでください。

また、この時期、OB・OG訪問も、できればしておきましょう。実際に働いている人を訪ねることで、より深くその会社を理解することができるはずです。

電話でアポイントをとり、訪問する際には、要領よく聞くべきことを聞けるように、前もって訪問企業の情報収集をしておき、聞きたいことをまとめたメモをつくっておきます。OB・OG訪問の後には、メールや礼状で、感謝の気持ちを伝えましょう。

いよいよ採用試験開始

三月には、いよいよ**採用試験**が始まります。

筆記試験を通れば、その後には**面接**が控えています。

面接は、**個人面接・グループ面接・ディスカッション形式の面接**などがあります。

面接では、事前に提出したエントリーシートにもとづいて質問が発せられます。何を書いたか忘れてしまっていては減点です。複数の企業を受験する場合、エントリーシートも別々ですから、他社に提出した内容を話してしまうということが起こりかねません。気をつけましょう。

面接官に対して敬語を使うのは最低限のルールです。最近の若者は、敬語が苦手などと言われますが、私が若者だった頃だって、「最近の若者は敬語も使えない」と言われたものです。正しい敬語を使おうとして緊張して発言できなくなっては意味がありません。目の前にいる面接官を、「初めて会った彼（彼女）の両親」と考えて話せば、おのずと好感度の高い話し方になるはずです。

面接にマニュアルはありませんが、慣れるために、就職課やキャリアセンターで、模擬面接をしてもらうとよいでしょう。

早い人だと、四月頃から内定が出始めます。

Ⅱ

就職試験を分析すれば、企業の求める人が分かる

就職するには、就職試験に合格しなければなりませんが、いまの就職試験は、昔の試験とは、全く違っています。単に勉強ができれば解けるようにはなっていません。では、現在実施されている就職試験とは、どんなものでしょうか？

企業は、就職試験によって、学生の何を知ろうとしているのでしょうか？

就職試験を読み解けば、企業が学生にどんな力を求めているかを知ることができます。就職試験から、企業の欲しい人、企業が必要とする能力を見つけてみましょう。

エントリーシートとは

エントリーシートは、単なる申込用紙ではありません。**限られたスペースに、人事担当者に興味を持たれる情報を詰め込む、自分をアピールするためのプレゼン資料です。**

エントリーシートで、よく聞かれる内容には、「自己ＰＲ」「長所」「志望動機」「大学でやってきたこと」などがあります。これらは面接でも聞かれます。

次に、実際にエントリーシートで聞かれる問題を紹介しましょう。これらの質問に、どう答えればいいか、企業が何を知りたいか、わかりますか？

Ｑ１　志望理由
・あなたが働く場として当社を志望した理由を述べてください。
・当社に入社したい気持ちを自分自身の表現でアピールしてください。

これはもう、定番ですね。就職しようとして受験するのですから、当然のことです。ただ、誰もが書くことですから、当たり障りのないことを書いていては、印象に残りません。志望者が多い企業の場合、読んでも印象に残らないエントリーシートを書いたら、その時点で敗北を覚悟しましょう。次から次へと同じような文章を読まされる立場になって考えれば、わかりますね。

ただし、いくら印象に残るものにしようと工夫しても、人事担当者に、「なんだ、この志望動機は？」と呆れられては元も子もありません。「なるほど、こういう志望動機もあるんだ」と受け取ってもらえる内容を考えましょう。

Q2　自己PR
・あなたのセールスポイントはなんですか

これも定番です。これは、次の質問と同じことを聞いているのです。

・あなた自身を自己分析してください。

セールスポイントや自己PRとは、どれだけ自分自身を客観的に見られるかを調べると共に、「自分に自信を持っているか」どうかを探る質問でもあるのです。

でも、答えはむずかしいですね。そんなときは、以下のような質問が参考になります。

・あなた自身を四字熟語でアピールしてください。
・他人に負けない自分の一番の強みはなんですか？　その強みが活かされた過去三年以内のエピソードに触れて説明してください。

・知・心・行動のエネルギーの中で、あなたが一番自信があるのはどのエネルギーですか？　そのエネルギーを志望職種でどのように発揮できますか？

どうでしょうか。このようにポイントを絞れば、答えやすいのではないでしょうか。もし「あなたのセールスポイントは？」という類の抽象的な質問を受けたら、このような点に絞って答えてみるのです。きっと担当者を感心させるはずです。

Q3　やってきたこと
・学生生活を通じて特に得たもの、感じたことなどを自由に述べてください。
・授業に関する勉強以外に力を注いだこと。（例えばスポーツ・文化サークル活動等）
・（志望理由と自己PRの後の質問）そのために、今まで学んできたことがどのように役立つとお考えですか？

これらも、当然予測がつく質問です。最初の二つの設問は、まさに「ガクチカ」ですね。これを書こうとすることで、あなたは自分の人生を振り返ることができます。

あるいは、この設問にきちんと答えられるような生活を送ったり、勉強をしたりしようと考えれば、生活は大きく変わるはずです。それによってエントリーシートの内容も充実すれば、あなたにとって一石二鳥のはずです。そうすれば、次の質問に答えられます。

・今までにあなたはどのような目標を持ち、それを達成するためにどのように努力し、結果はどうであったかを教えてください。

次のような質問も定番です。

・最近興味を持った出来事、印象深かった出来事について記入してください。

これに対する答えに窮したら、次のような質問だと考えてみると、意外に答えやすいはずです。

・最近一年間の、あなたの「喜怒哀楽」体験を具体的に書いてください。

どうですか。会社がどんなことを求めているのか、他の会社の質問を見ていくうちにわかってくるのです。

Q４　入社後やってみたいこと
・当社でやってみたい仕事を具体的に述べてください。
・入社後「好きなことをしなさい」と言われたら、何をやりますか？（食品メーカー）

これも定番の設問です。あなたが、ある企業を受験しようと思ったのには、当然のことながら、「入社したら、これがやりたい」というものがあったはずです。それを書けばいいのですし、それを見つけようとして会社研究をすれば、志望企業について詳しくなれます。

もし、いくら考えても見つからない場合は、あなたは会社名だけに惹かれて受験しようとしている可能性があります。就職とは、会社に入ることではありません。仕事に就くことです。これを機会に、自分がどんな仕事をしたいのか、自問自答してみましょう。

Q5　その他の面白い質問

・あなたは会社で二日間、先輩の指示通りの書式で懸命に企画書を作りました。しかし、次の日、上司は、「書式が違うからやりなおしてください」とあなたを叱責して出張してしまいました。あなたなら、その日の夕方、上司にどんなメールを送りますか。（化粧品業界）

これはむずかしい設問です。この会社の社員でも、答えるのは困難かも知れません。しかし、就職すると、日々こんな難問が襲いかかってくるのも事実です。

あなたとしては、上司の当初の指示が間違っていたと抗議するか、先輩に嫌味のひとつでも言いたいところでしょうが、それでは社内の人間関係がトゲトゲしくなります。あなたは「協調性に欠ける」と判断される可能性が高くなります。

かと言って、ただただ言われる通りに「やり直しました」というメールでは、「こいつは唯々諾々と指示に従うだけの人間か」と低い評価を受けてしまいかねません。

こういうときは、「先輩から○○という指示を受けたと思い、このような書式にしましたが、実際には、××だったのですね。改めてご指示に従い、このようにしてみました。いかがでしょうか？」というメールにしてみましょう。きちんとした上司であれば、「ああ、オレの指示が誤解を生みやすいものだったのだな」と反省してくれるはずです。

この設問は、「相手を怒らせずに言いたいことを伝える」という能力を問うています。実際、会社に入ると、取引先からの無理難題をさばくときに必要とされる能力なのです。

次の質問はどうでしょうか。

・「充実した孤独」を手にしようとしている自分自身にメールを打ってください。

これは困った問題ですね。これはつまり、あなたの人生設計について質問しているのです。あなたは、どんな人生を送りたいと考えているのでしょうか。将来への明確な展望を持っているかどうかをテストするために、「充実した孤独」などいう一見意味不明な表現を使っています。

孤独が好きな人もいれば、嫌いな人もいます。孤独が嫌いな人は答えにくいかも知れませんね。でも、一人になってほっとする瞬間もあるはずです。それは、どんな時でしょうか。そこから考えてみてください。

と同時に、就職して、自分はどんな人生を歩もうとしているのか、自分を見つめるのに絶好の設問ではありませんか。これだから、就職活動は自分の成長に結びつくのです。

同じように人生に関する設問としては、次のようなものもあります。この質問に答えようとすることで、自分の人生を見つめてみてください。

Q6　人生観についての質問

・私の思い出の食事。

・素敵な人生を送る十か条。

次の設問は、この業界の会社に入ろうとしている学生なら、当然答えられなければならないテーマです。あなたの志望先の業界に関しても、似たような設問を作ることが可能なはずです。自分で問題を作って、答えてみましょう。

・あなたがこれまでに最も感動した、または成長できたと思う旅についてお聞きします。それは、いつ頃、誰と、どこに行った旅でしたか？　なぜ、最も感動

した、成長したと思うのでしょうか？　その理由とともに、述べてください。
（旅行業界）

適性検査とは

筆記試験では、適性検査が行なわれます。就職希望者が、果たして自社の仕事の適性を持っているかどうかを確認する試験です。

適性検査の代表的なものには、ＳＰＩ－２があります。ＳＰＩとは、就職情報会社リクルートの関連会社が販売していた適性検査の名称で、「総合個性目録」とでも訳せましょうか。私が就職活動をしていた一九七〇年代前半には、すでに初期のＳＰＩを導入する企業が出ていて、私も受けた記憶があります。現在はその改訂版です。

大きく分けて、能力適性検査と性格適性検査の二部構成になっています。能力適性検査は、さらに言語能力問題と非言語能力問題に分かれています。前者は「語彙、読解」、後者は「算数に近い数学、物理」といった分野です。

受験生が多い企業では、ＳＰＩ－２を、ある程度の学力がある学生を絞り込むのに使っています。いわばできて当たり前というレベルですので、好成績を収めたからといって、内定が出るわけではありません。次のステージに進めるだけのものです。

どんなものが出題されているのか。まず能力編のテストを紹介しましょう。それぞれ一分の制限時間内に答えてください。

Q1　能力編（以下3問を3分で）

①ある法則性で並んだ図形群があります。空欄に当てはまる図形を選びなさい。

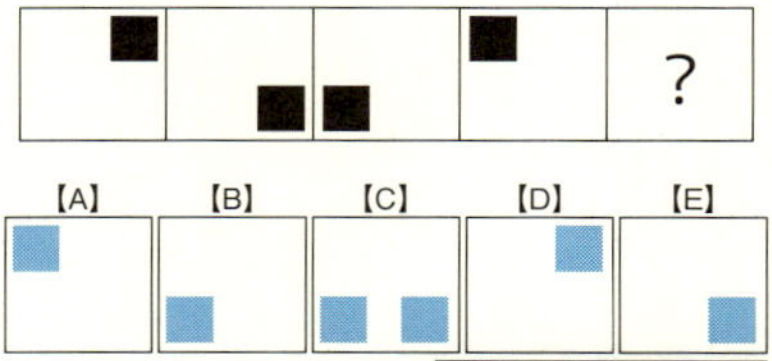

［提供］SPIノートの会

②オフィスルームのフロア面積は？（給湯室や玄関は含まない）

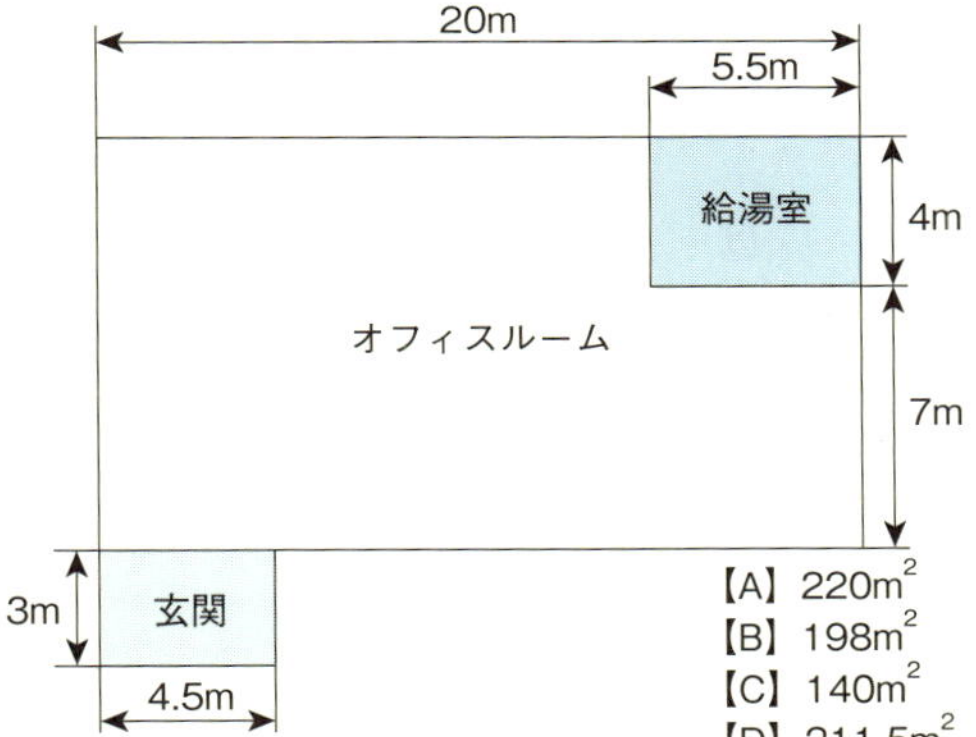

【A】 220m^2
【B】 198m^2
【C】 140m^2
【D】 211.5m^2
【E】 189.5m^2

［提供］SPIノートの会

③次の2つの言葉の関係を考え、同じ関係のものを選びなさい。
[解散／召集]
1　脱退／加入　2　終業／休業　3　起工／着工
A　1だけ　B　2だけ　C　3だけ　D　1と2　E　1と3　F　2と3

これは、わざわざ正解を示すまでもないでしょう。ご自分で考えてください。
次に、性格編のテストです。

Q2　性格編
①あなたが普段感じていることに近いほうを選択してください。
勉強がいやになったことは一度もない
[はい]　[いいえ]

さて、あなたはどちらを選びますか？　**これは、性格を見る問題なのですが、正解があります。**正解は[いいえ]です。
一見、[はい]の方がよさそうですが、勉強がいやになったことが「一度もない」

という人はさすがにいないだろうということで、「はい」を選ぶと、ウソをついてでもよく見せようとしていると解釈されてしまいます。
就職テストには、こんな問題も出ているんですね。

そして面接へ

さて、あなたは無事に適性検査をパス。学科試験も通り、いよいよ面接試験に臨みます。いったいどんな問題が出るのでしょうね。もちろん企業によって、内容はさまざま。ここでは、実際に出題された内容を紹介しながら、企業が求めている人材の資質を確認していきましょう。

最初は、二〇〇九年度、東証一部上場の人材派遣企業大手の三次選考で出された問題です。

Q1　この映像を三分間観察して、見つけたモノ、思ったことをあげ、この座席に座っている人物像を三分間で説明しなさい。

回答例　机の上に英字新聞が置いてあるので、外国人ないしは外資系企業との取引がある人の可能性が高い。ただ、新聞自体は日本で発行されている『ジャパンタイムス』なので、この人は日本国内で働いているのだろう。

『会社四季報』や『日経会社情報』が並んでいるので、株取引あるいは金融機関に勤めている可能性もある。一方、こうした本には、上場企業の業務内容がコンパクトにまとめられていて、会社訪問にも役立つので、不特定多数の企業を訪問するセールス関係の仕事をしているのかも知れない。

机の上に子どもの写真が置いてあるので、家族思いな人なのであろう。でも、この人が外資系企業に勤めているとしたら、机の上に家族の写真を置くのは定番なので、それにならっているだけかも知れない。

椅子に上着がかけてあり、携帯電話が机の上に出たままなので、ほんの一瞬、机を離れたところなのだろう。おそらくトイレにでも行っているのではないか。


この写真をもとに三分間話すのは、やってみればわかりますが、なかなか大変なことです。それだけの要素を読み取るのは容易ではありません。とりあえず私だったら、こんな内容のことを話してみるというのが回答例です。

でも、家族写真からうがった見方をするのは、どうも私のようなジャーナリストの悪いクセ。かえって面接官の不評を買う危険性はあるでしょう。

面接官の採点のポイントは、見つけられる情報が少なかったり、マイナスな見方しかできなかったりというのは×です。

見つけられる情報が少なくてもプレゼン能力がある場合や、見つけられる情報は多いけれどうまく伝えられない場合は、まあまあ、△になります。

見つけられる情報が多く、プレゼン能力もあれば◯。さらに人物像や性格に迫ることができれば、とっても良い、◎です。

この問題で企業が見抜こうとしているのは、

①洞察力・観察力
②伝達力
③仮説を立てる力

です。どの企業でも、仕事の上での観察力や洞察力は必要ですし、業務内容をきちんと伝える能力も必須。さらに、さまざまな仮説を立てる力があれば、新規事業に乗り出すことが可能になります。これらは、どの企業も新入社員に求める能力なのです。

続いての問題を見ましょう。

二〇一〇年度、東証一部上場、医療事務・介護業大手で出された問題です。

Q2　あなたは一億円あったら何に使いますか？　答えなさい。

これは面白い設問ですね。回答例を出してもいいのですが、敢えて答えないでおきましょう。自分なりに考えてみてください。

ただし、預金するとか、海外旅行に行くとか、個人的な用途で使うのは×です。「何に使いますか？」と尋ねているのですから、預貯金が答えにはならないことはおわかりでしょう。

単にビジネス目的で使うと言っても答えになりません。ビジネスの具体例が提示できれば△です。

望ましいのは、□□の費用に幾ら、などと、目的実現のために、使途の内訳を具体的に提示できることです。それなら○。

社会貢献に使用して、かつ、使途の内訳を具体的に書ければベスト、◎です。

この問題のポイントは、介護業なので、「社会貢献」という発想が出てくるかどうかなのです。

この問題で見抜こうとしているのは、
①具体案を出す力
②実行する力
③ビジネスや社会貢献の視点
です。

次はグループ面接です。二〇一〇年度、東証一部上場、システム開発業で出された問題です。

Q3　一次選考　五人一組のグループ面接
これから記念撮影をします。ピースにかわるポーズをとり、なぜそのポーズをとったか、理由を答えなさい。（一部改題）

これもユニークな出題ですね。
採点基準は、恥ずかしがったら×。
一生懸命ポーズをとれば〇。
ポーズの理由に説得力があれば◎です。

正解のポーズというのは、ありません。何でもいいのです。この場合、指示された通りに素直に、かつ真面目に取り組めるかどうかを重視しています。

さらに、この質問の場合、質問に答えたあとに、実は追加の質問が出されます。

「隣の人のポーズをどう思うか」

これに答えると、言われた隣の人に、次の質問が投げかけられます。

「そう言われてどう思うか」

さて、あなただったら、どうしますか？
これらの質問に対しては、隣の人のポーズを否定したら×。
隣の人のポーズを褒めたり、褒められたのを素直に受け入れられたりすれば○。
隣の人を褒めた上で、改善の提案ができれば◎になります。
この面接で見抜こうとしている力は、

①誠実さ、はずかしがらないこと、責任感
②コミュニケーション能力

です。

日頃から観察力、表現力の訓練を

こうした力を身につけるには、どうしたらいいでしょうか。

私はＮＨＫの社会部記者時代、大きな事件や事故、災害が起きるたびに現場に飛んで、生中継を担当しました。現場で周囲を見渡し、とっさに情景を描写しなければならないことが、よくありました。日頃から、その力をつけるにはどうしたらいいか、自分なりに対策を研究したのです。その結果は、**「周囲を観察してコメントしてみよ」**でした。

たとえば、あなたが通学の電車の中にいるとします。周囲をさりげなく見渡し、車内の様子を頭の中で描写してみるのです。たとえば、次のように。

昼下がりの電車の中は、けだるい雰囲気です。節電のため、車内は薄暗いままです。私の前の座席の列に座っている人のうち、中年の男性二人は寝ています。大学生らしい男性は、携帯ゲームに夢中です。その横に座っている二〇代の女性は、携帯メールを打つのに懸命です。新聞を読んだり、本を読んだりしている人はいません。活字離れなのか、いや、これだけ車内が暗いと、そんな気にもなれないでしょう……。

情景を描写しようと努めてみて初めて、観察力が養われるのです。こうした観察力、洞察力は、就職活動ばかりでなく、就職してからも大変役に立つ能力です。

3つの力を

ここまでをまとめて言えば、企業が学生に求める力とは、

①アクション（踏み出す力）
②シンキング（考え抜く力）
③チームワーク（チームで働く力）

です。

映像から人物像を特定する問題はシンキングを、

一億円の問題はアクションを、

ポーズの問題はチームワークを、はかっています。

どうでしょうか。企業が学生にどんな力を求めているのか、設問から読み取れるのではないでしょうか。

以下に、実際に面接試験で出題された問題をいくつか紹介します。ひとつひとつの問題について、「出題者は、いったい何を見ようとしているのか」と考えながら、実際に声に出して答えてみてください。

■人物像・価値観に関するもの

- 自分を色にたとえると何色ですか。
- 自分を国にたとえると、どこの国ですか?
- 自分を動物にたとえると?
- 自分を食べ物にたとえると?
- 自分をわが社の商品にたとえると?
- 自分を一言で表現してください。
- 今までで一番感動したことは何ですか。
- あなたの人生においてのターニングポイントは?

・苦手な人はどんな人ですか。
・あなたの（長所・短所）は何ですか。
・今までで一番の（成功・失敗・苦労）は何ですか。

■ストレス耐性を確かめるもの
・希望しない部署に配置になったらどうしますか。
・転勤や部門異動が多いですが、大丈夫ですか。
・仕事が相当ハードですが耐えられますか。
・もし不採用だったらどうしますか。
・教職課程を取っていますが、当社は第一希望ではないですね。

■その他
・面接官にいくつか質問をせよ。
・わが社に足りないものは何か。
・さまざまな問題があるわが社になぜ入りたいか。

・当社を色に例えると何色か。
・企業の社会的責任とはなにか。
・無人島に何かひとつだけ持っていけるとしたら、何を持っていくか。
・働くことの意義はどこにあると考えているか。
・就職活動を通して学んだことは？
・仕事とプライベートでは、どちらが大事ですか。
・人生最後の日には、何をしたいか。
・生きる上で一番大切なものは何だと考えていますか。
・よい会社とはどんな会社ですか。

■社会への関心度
・十万円札を作るとしたら、表に印刷する人物は誰が良いか。
・日本の首都を移転するとしたらどこにしますか。
・学生の選挙投票率を上げるには？
・高齢化社会には何が必要ですか。

・環境問題がビジネスに与える影響は何ですか。
・もしコンビニがなかったらどう困りますか。

2章

自分には何が向いているのか?

I

大学生活は何のためにあるのか？

クラブ活動経験は有利だが

そもそも、大学生活は何のためにあるのでしょうか？

大学生活は本来、勉強して学問を修めるのが目標のはずです。それが、今では、大学に入るとすぐに、「次は就職」となって、その準備に追われてしまう。本末転倒です。

企業の側からしてみれば、「就職活動のために、大学生活を送ってきました」などという人は、採用したくないはずです。

企業が見るのは、**大学時代に、私はこんなことをやりました、ということを、どれだけ持っているか**でしょう。

就職試験の面接で、「大学でクラブ活動をやっていました」と言えば、「あなたはそのクラブ活動で、何を得たのですか」と聞かれます。

企業の担当者にしてみれば、クラブ活動の経験を聞くことによって、他の人たちとの人間関係を上手くやっていけるのか、あるいは、そこで部長になったり、マネージャーになったり、あるプロジェクトを成功させたりするような、そういう経験を積んでいるかどうか、その力があるかどうかを知りたいのです。

そういう意味で「クラブ活動で、これだけのことをやりました」というのは、大変有利です。

特に、体育会の人たちは、就職エリートです。

体育会が有利な理由は、大変厳しい練習に耐え、先輩の、時に理不尽な要求にも応えてきた経験があるだろうと人事担当者が考えるからです。体育会を経験しているなら、かなりつらい思いをしても耐えられるだろう、体力もあるから厳しい勤務も大丈夫であろうと考えるから、採用するのです。

逆に言うと私は、体育会を優遇するような会社には入りたくないな、と思いますが。「どれだけ辛いんだろう、この会社は」と思ってしまうからです。また、理不尽な上司の命令でも唯々諾々と従うようなタイプの社員を求める会社は、けっして居心地よくないだろうなと感じてしまうのです。

企業が高偏差値大学を好む理由

最近は、かつてほど学歴にこだわらない採用が増えてきましたが、一般論で言えば、いわゆる銘柄大学、入学時に高い偏差値が求められる大学の学生が有利な状況は続いています。

私の経験で言えば、高い偏差値の大学を出ていても、プライドばかり高くて、まったく仕事のできない人に多く出会いました。それでも人事担当者が銘柄大学を好むのには、主に二つの理由があると私は考えています。

そのひとつは、**人事担当者の自己防衛**からです。もしあまり有名でない大学の卒業生を採用して、その人があまり仕事ができないと、「誰が採用したんだ」と非難されて責任問題になる可能性があります。一方、仕事ができない人が銘柄大学卒業だと、「まあ、中には変なヤツもいるだろう」と、非難の矛先が鈍る可能性もあります。それを考えると、とりあえず銘柄大学の学生を採用しておこうということになりがちです。

逆に言えば、銘柄大学の卒業生を多く採用する企業は、人事担当者が、自己防衛ばかりを考える人である可能性があります。人事担当者は、その企業のエリートです。

そのエリートが、自己防衛型ばかりでは、その企業の未来は暗いと私は思うのですが。

高い偏差値の学生が好まれるもうひとつの理由は、**偏差値が高い人は我慢強いのではないかという印象**からです。

受験勉強は辛いもの。長時間机の前に座って、難問を解いたり、難文を読解したり、歴史事項を暗記したり…、相当の忍耐力が必要とされます。偏差値の高い人は、そういう我慢強さがあるのではないか。これが、企業人事担当者の発想です。我慢強ければ、会社内でもすぐにキレたり、諦めたりしないのではないか、というわけですね。

この発想自体、いかがなものかとは思いますが、逆に言えば、**どこの大学に在学していようが、忍耐強く、きちんと仕事ができることをアピールできればいい**のだと思います。

大学は、自ら学ぶ場所

大学とは、そもそも何でしょうか。私が大学に入学したのは一九六八年。当時は、大学進学率がいまほど高くなく、大学生だというだけで、「勉強をする人」という社会のイメージがありました。このため、電車の中で漫画を読んでいる学生がいると、

「最近の大学生は漫画なんか読んでいる。世も末だ」という類の投書が新聞によく掲載されたものです。

いまや時代はすっかり変わりました。大学生は「勉強しない若者」の代名詞にすらなっているのかも知れません。

しかし、大学生には社会から求められる能力というものがあります。就職試験でも、その能力が問われます。それは、**「自ら学び、自ら課題を見つけることができる能力」**です。

高校までは、授業で先生が教え、生徒はそれを学ぶ形をとります。何を学ぶか、先生が教えてくれるのです。

これに対して本来大学は、自分が「学ぶべきもの」を見つけて勉強し、研究テーマを探して研究をする、というものです。何を学ぶか先生の教えを待っていてはダメなのです。

自分が学ぶべきものを探す過程で、自ら学ぶ力が養われます。社会に出ても、取り組むべきテーマを見つけ、自分から努力する力や姿勢が必要とされます。そんな力を大学で身につけました、あるいは、そのために努力しました、ということをアピールすることが必要とされます。

クラブ活動などの実績も大切ですが、「大学での勉強・研究を通じて、こんな力がつきました」とアピールできるものを探しておきましょう。それが結局は、充実した大学生活につながるはずです。

II 時代遅れな企業採用の見直しを

入社式があるという不思議

毎年四月一日に一斉に実施される入社式。春の風物詩でもありますが、欧米の常識から見ると、かなり違和感のある光景です。そもそも入社式などない国や企業がほとんどだからです。

欧米の企業の場合、大学の新卒者に限って採用し、同じ日に入社させるという発想はありません。人員が欠けたときに補充したり、事業拡大で人材が必要になったりしたとき、企業は、社員を募集するもの。採用が決まったら、すぐに出社してもらいます。わざわざ新年度まで入社を延ばすということはありません。企業は学校ではないのですから。

ところが日本の場合、大半の企業が、新卒者だけを対象に採用試験を実施しています。大学四年で採用内定が出ないと、泣く泣く就職浪人をして来年度に賭ける学生も出てきます。もったいないことです。

新卒ばかりでなく、既卒者あるいは他の企業在籍者からの応募も認め、春採用ばかりでなく秋採用も実施する。それだけで、企業には異質な存在が入ってきて、企業は活性化するはずです。

新卒者だけを採用しながら、「即戦力となる人材を求めています」などというのは、おかしな話です。社会経験があってこその「即戦力」なのですから。

学力重視から面接重視になったが

最近の就職試験は、面接重視です。私が就職活動していた頃は、まず学科試験に受かってから面接に進むのが一般的でした。社会人になるため、あるいは、その会社で働くために必要な最低限の学力が備わっているかを判定していたのです。ですから、漢字の読み書きや作文（小論文）、英語の試験は必ずあるものでした。

ところが、必ずしも学力は高くなくても、人間的に魅力的で、仕事で好成績を上げる人がいるのではないかという反省から、次第に面接重視になっていきました。

会社によっては、学科試験は形式的なもので、面接で好印象ならそのまま内定、というところも出るようになりました。

ところが、そうやって就職した人の中には、漢字が覚束なかったり、日本史や世界史の常識を持っていなかったり、という人もいて、「最近の若い者の学力はどうなっているのか」と社内で話題になるケースが増えています。

これは、「最近の若い者の学力」が問題なのではありませんね。企業の採用の仕方が問題なのです。

企業が、大学卒業生の学力を不問にした採用方法をとりながら、一方で卒業生の学力のなさを嘆くのは、おかしな話です。人間的に魅力のある人材を採用するのは当然としても、「わが社は、大学でしっかり学力をつけた人を採用します」という方針を明らかにしてこそ、学生たちは大学で勉強するようになるでしょう。企業の採用方法によって、学生の学力レベルも変化するのです。

以上の話は、採用する側の問題点です。就職活動中の学生にとっては関係ない話と受け止められるかも知れませんが、問題点を知っておくことも必要だと思い、ここに書いておきました。

Ⅲ 自分には何が向いているのか？

自分のことはわからないもの

いざ就職となると、自分が何に向いているのかわからない、自分のやりたいことが見つからない、という人がいるものです。**自分のことというのは、案外わからないの**ですね。

そういうときは、他人の意見を聞いてみましょう。ただし、他人といっても、家族だと、どうしてもひいき目になりがち。客観的な分析に欠けます。

かといって、あまり親しくない人だと、遠慮して、ズバリを言ってはくれません。そうなると、**持つべきものは親友**です。

親友から、「お前って、こういう人間だよなあ」「あなたってこういうのが向いてるわよ」などと言われたことは、案外、当たっていたりします。そうやって自分を知るというのもひとつの方法です。「オレ（わたし）は、どんな人間なんだろう？」「どんな仕事に向いていると思う？」と、尋ねてみましょう。すると、相手からも、「オレ（わたし）はどう？」と聞き返されるかも知れません。しっかり見て、率直な感想を伝えましょう。

お互いが率直に言い合うことで、双方が自分を発見できるかも知れません。

新聞のスクラップで自分を対象化

他人から指摘してもらうのとは別に、自分を対象化する方法があります。でも、自分自身を対象化して見るのは、なかなかむずかしいことです。鏡に映った自分だって、実は左右反対になっていて、本来の自分を見られるわけではありません。

そこで、自分を対象化するために私が勧めるのは、**新聞のスクラップ**です。なんで新聞のスクラップが自分を対象化することになるんだ、と思うでしょうね。いえいえ、これがなかなか有効なのです。

まずは、新聞を読んで、何だか気になるという記事を切り抜きます。切り抜いた記事をそのまま積み上げておいてもいいですが、できれば、スクラップしておきましょう。

その際、市販のスクラップブックは避けたほうがいいでしょう。私の場合は、A4の紙に貼っています。パソコンで印刷し損なった紙などの裏を使っています。一枚の紙に貼る記事は一本だけです。紙一枚につき一本の記事という原則を守ります。

こうしてためておいたスクラップを、時々読み返してみます。すると、ある特定のジャンルの記事を多くスクラップしていたことに気づくはずです。それが、あなたにとって一番の関心事です。

たとえば、環境保護ボランティアの話だったり、環境保護団体の話だったり。あなたは、本当は環境保護に関する仕事をしたいのではないでしょうか。

あるいは、新しい仕事をするためのお金がなかなか手に入らない人たちのために資金を集めてくる団体や人の話がスクラップしてあれば、あなたは実は金融の仕事をしたいのかも知れません。

中小企業で世界に通用するものづくりをしている人の話題を切り抜いていたら、あなたはものづくりが好きなのかも知れません。ものを作る仕事、メーカーの仕事が、実は向いているのかも。

新車が出たとか、電気自動車が出たとか、そういうのを多く集めているなら、自動車業界が向いているのかも知れない。

こんなふうに、自分では気づかない本当の自分の興味に気づくのです。

そのためには、新聞ばかりでなく、雑誌でも何でも、いろんな記事から、ちょっと面白いものや、気になったりしたものを、そこだけびりびりっと破いて取っておきましょう。**あるとき気が付くと、ある特定のジャンルだけ多くなっているはずです。それこそが、あなたが本当はやりたいことではないのか、ということなのです。**

本棚の本の種類で自分を対象化

同じように自分を対象化するためには、自分の今の本棚を見てもいいでしょう。

あなたの部屋に、果たしてどれだけの本棚があるかわかりませんが、この本を買うくらいなら、それなりの本棚があるはずです。さて、自分の本棚にはどんな本が並んでいますか？

いくらなんでもコミックばかりではないはずです。

どんな雑誌が並んでいますか？　どんな雑誌を買っていますか？　何でその雑誌を買ったのですか？

こうやって考えると、自分はこういうことに関心があるんだ、というのがわかってきます。そこから自分の進路を探っていくやり方もあります。

自分が何をやりたいのかわからない…そんなときには、自分は今、何に関心があるのか、あんなものやこんなものに関心がある…というものを洗い出してみてください。

自分を対象化して見るのは、なかなか難しいもの。そこで、自分の興味・関心のあるものを集めてみるのです。

それをヒントにすれば、客観的に、自分が何をやりたいかという興味の嗜好性や方向、分野などが見えてくるはずです。

Ⅳ

自分の長所と短所はこう説明しよう

答えには二つの原則がある

就職試験の面接でよく聞かれる質問に、「あなたの長所と短所をあげてください」というものがあります。これも答えるのに苦労しますね。

長所を語ると、「コイツ、自分のことを自慢しやがって」と面接官に受け止められるのではないかと心配になります。

短所を語ると、「そうか、コイツはそんな問題があるのなら採用はやめておこう」と考えられてしまうのではないか。

どちらにしても、いいことはありません。こんなとき、どう説明すればいいのでしょうか。

この質問に答える原則は次の通りです。

長所は控えめに
短所は、裏返せば長所になることを

日本の場合、自分の長所を長々と説明すると、自信過剰の嫌味な若者と受け止められかねません。アメリカですと、むしろ「自信にあふれた人」だと高い評価を受けたりするのですから、困ったものです。

ものは言いよう

たとえば、私がＮＨＫの面接で長所を聞かれたときのこと。私はこう答えました。「腰が軽いことだと思います」と。

こう答えると、面接官が、「え？」という顔をして、「それはどういう意味ですか？」と聞き返してきました。そこで私は、「どこにでも気軽に出かけるのです」と答えました。好奇心が強く、全国各地を一人旅していた私としては、当然の回答でした。その一方で、記者はニュースがあれば、どこにでもすぐに飛んでいかなくてはならない職業です。つまり私は、婉曲に、「自分は記者に向いています」と答えたのですね。

余計なことですが、「尻が軽いことです」というと、まったく別の意味になりますから、ご注意を。

あなたが受験する企業の社員としては、どんな人が求められるのか。それを研究して、「それにぴったりの性格です」と、さりげなく披露する。これがコツです。

ただし、無理やり長所を作文してはいけません。それはウソになります。自分の性格の中で、希望の会社や職種に向いていそうな部分を説明するのです。

では、短所は、どう答えればいいのか。たとえば、次の二つの言い方を比較してみてください。

「出しゃばりだと言われます」

「少しアグレッシブ（積極的）すぎると言われます」

この二つ、客観的に見れば同じことを言っているはずですが、印象は異なります。前者ですと、「困った人」のイメージですが、後者だと「元気な若者」という印象を受けます。まさに言い方次第だと思いませんか。

では、逆の性格の場合は、どういうふうに言うか。

「引っ込み思案だと言われます」
「慎重すぎることがあると言われます」

これも、受ける印象は違いますね。このように答えた上で、面接官の次の質問に答えられるように、具体例を考えておきましょう。

このように、自分の長所と短所を考え、自分自身を見つめ直すことができるのも、就職活動ならではの経験です。

また、コミュニケーション能力を高めることができることもおわかりいただけるでしょう。同じことを言うのでも、表現によって相手の受ける印象が大きく異なるからです。

この能力は、あなたが社会人になってからも役立ちます。たとえば、相手の欠点を批判するのではなく、「この部分を改善すると、もっとよくなるよ」とポジティブな言い方をすれば、相手を傷つけることなく、言いたいことが伝わります。

3章

必要な力をつけるために〜常識力・情報収集力・コミュ力

I　求められる能力とは

就職試験から見えた「求められる能力」

第1章で、実際に出題された問題から、企業が学生に求める能力が見えてきましたね。ここで改めて確認しておきましょう。まとめると、次のようなものです。

・洞察力・観察力
・伝達力（コミュニケーション力）
・仮説を立てる力
・具体案を出す力
・実行力
・誠実さ、責任感

これだけの能力を兼ね備えた人材が、御社にはどれだけいるのですか？　と突っ込みたくなりますね。こんな完璧な人材、そうそういるものではありません。でも、企業としては、こういうことを考えているものなのです。

こうした力をつけるためには、どうしたらいいのか。この章では、「常識力」、「情報収集力」、「コミュニケーション力」に絞って、身につけ方を考えます。洞察力や観察力、実行力、誠実さや責任感は、つまりは常識力であり、仮説を立てる力、具体案を出す力は情報収集力であり、伝達力は、ずばりコミュニケーション力だと考えるからです。

完成された能力より素材の優秀さを求める

ちなみに、従来の日本の会社の人事政策の基本は、とりあえず前途有望そうな人材を採用し、後は社内で育てる、という発想でした。

アメリカのような会社は、即戦力を求めています。たとえばジャーナリズムの世界なら、大学のジャーナリズム学科を卒業した若者や、地方紙を経験した人材を採用します。

ところが日本の場合は、関係ないですね。採用してから研修で叩き込むから、どこの学科でもいいよ、というやり方です。ジャーナリズムのことなど考えたこともない学生が採用されたりします。その結果、取材して得た情報を、他の関係者に漏らしたり、などというお粗末な事件を起こしたりします。

ジャーナリストというよりは、マスコミ企業の会社員という思いの強い人たちばかりになりがちです。記者ではなくて会社員・サラリーマンというわけです。

アメリカの場合、銀行でしたら、ファイナンス学科で金融の最先端のことを学んだ人を採用します。そうなると、大学の側も、専門知識、現場の生き生きとした情報を学生に教えます。

でも日本の大学では、即戦力となるような最先端の情報を教えているところは、ほんのわずか。なので企業側も、大学の教育を信用せず、採用してから社内研修で自社向きに育てようと考えます。その結果、文学部や工学部の出身者が銀行員になる、などということになります。

そうなると、企業の側は、会社のいうことをよく聞く素直な人材で、そこそこ偏差値の高い学生を採用し、後はなんとでも教育する、と考えてきました。

結果として、学生に対しては、**専門知識よりも、きちんとした社会常識を持ってい**

るか、会話がスムーズにでき、言いたいことを伝えられるコミュニケーション能力を持っているか、という点を重視するようになります。

ただし、理系はちょっと違います。企業も、文科系の学生の専門性には期待していませんから、入ってから何とかしようと考えていますが、理系の場合は、専門的な知識をある程度は備えていないと、会社に入って使いものになりません。

たとえば工業系の専門高校を出ている人であれば、電気回路の知識など、一定の知識や理解力を持っていることは当然とみなされています。そういう専門性は、当然求められています。

しかし、だからといって、高いレベルの専門性を求めるのは無理でしょう。まして最先端レベルの知識や技術は、会社に入って初めて接するものだということはわかっています。そこで理系の場合は、企業に入って、最先端の知識や技術を理解し、身につけることができる基礎的な能力があるかどうかを見るのです。

Ⅱ　常識力を身につけるには

① アルバイトで目上の人と接する

社会常識を身につけるためには、大学生活でなるべく多様な活動をするのが大事です。

ひとつは、クラブ活動でしょう。そこでは、先輩、同僚、後輩と一緒に行動することで、人との接し方を学びます。

クラブ活動と相通じる部分がありますが、ボランティア活動も、自分の成長には大いに役立つでしょう。ボランティアと一口に言っても、多種多様です。ただ、いずれも他人の役に立つ、社会のためになるという活動のはずです。人のためになる仕事の楽しさを知るきっかけになるかも知れません。

さらに、多くの人との共同作業になりますから、組織というものの体質や性格を知り、組織を動かすむずかしさをも知ることになるでしょう。これは、その後の社会生活において大事な経験になります。

もうひとつは、アルバイトです。アルバイトをするということは、会社組織の中に入るということです。となれば、当然のことながら、周りはみんな、目上の人ばかりです。そこが学校のクラブ活動との大きな違いです。クラブで一緒にいる人は、みんな同じ大学に所属しています。同じような文化のもとで生活し、同じ学生食堂で食事をし、同じ教授の授業を受け、共通の話題がたくさんあります。

その点、アルバイト先の人たちは、すでに社会人。年齢も違えば共通の経験もありませんから、会話をするのは、いささか大変です。

しかし、その中でアルバイトをすることによって、知らず知らずに、敬語の使い方とか社会的なエチケットとかが身についてくるのです。アルバイトを通じて社会常識を身につけ、会社組織とはどんなものなのかを垣間見ることができます。それがとても大事なことだと思います。

アルバイト先がしっかりした会社だと、敬語の使い方も教えてくれます。「そんな言い方はやめなさい」「こういう言い方をするといいよ」と教えてくれる会社。「アルバイトに対してのしつけにうるさいんだ」という口コミを聞いたら、あえて、その会社で働くという選択肢もあります。

そうしたことも考えながら、**アルバイトをするときには、戦略的にアルバイト先を選ぶようにしましょう。**

自分の関心のある分野のアルバイトをするのもいいでしょう。流通業に関心があるなら、流通業界でのアルバイトを探してみましょう。マスコミ業界も、アルバイト先は多数あります。

仕事が終われば、その会社の人が食事に誘ってくれるかも知れません。居酒屋で会社員同士が交わす会話に聞き耳を立てましょう。おそらく上司や客に対する愚痴が大半でしょうが…。ライバル企業の動向や、この産業の将来性について話を聞くことができます。生きた勉強です。

就職試験の面接官は、当たり前ですが、みんなあなたより年上の人です。

今の若い人たちは、同じ世代と付き合うことが多く、年上の人との会話はあまりありません。クラブの先輩がいる？　いえいえ、そんな数歳年上の人のことではありません。三十代、四十代、五十代の人との会話のことです。それくらいの人といえば、大学の教授や准教授としか会話したことがない、というのが普通ではないでしょうか。

私が子どもの頃は、それぞれの地域で、異年齢の人が集まる集団がありました。ガキ大将みたいなのがいて、上の連中は下の連中の面倒を見るとか。そうするとその下の連中が上にいくと、自分がさらにその下の面倒を見たりとか、上と下との付き合い方を、自然に身につけていました。

今の人たちには、それがない。みんなタメ口の世界で育ってきています。そのまま大学教授にもタメ口をきく学生もいます。

だからこそ、アルバイトをして、全員が自分より年上という環境で、上の人たちとの付き合い方を身につけるのが、いい経験になるのです。面接では、自分より上の人からの質問を受けるのですから。

アルバイトを通して、世のオヤジたちやお姉さまたち、おば様たちが、どういう発想をするのか、知らず知らず、身についていったりします。

中には、アルバイトが高じて、そのまま社員になり、その会社で出世して、とうとう社長になってしまった人もいます。牛丼の吉野家の安部修仁さんや、ブックオフの橋本真由美（二〇〇七年、会長に）さんのような例が、それです。

② 読書で語彙・敬語を身につける

就職活動の準備で、いちばんお勧めなのは、**本を読むこと**です。読むのは何でもいいんです。読書を通じて、いろんな言い回しと正しい敬語を覚えられることが大切です。

面接官は、社会経験豊かな面接のプロです。学生と短時間、話をするだけで、相手の言葉の言い回しを聞いて、その人が、本を読んでいるかどうかはすぐにわかります。語彙が貧弱だと、「この人、本を読んでいないね」と、すぐに気づかれます。「本を読んでいないから、世の中のいろんなことを知らないよね、基礎的な力がないよね、じゃあ、会社でやっていけないんじゃないかな」というふうに見られかねません。語彙が豊富だと、「そんな言い回しも知っているんだ、これは、いろんな常識を持っているよね、こいつはいけそう」と考える可能性が高くなります。

読書によって、敬語の使い方を身につけることもできます。ただし、その際に読むべき本は、敬語がほとんど出てこないようなライトノベルではなく、きちんとした会話が出てくる古典的な名作です。

面接をしていて、「私のお母さんが…」などと言う人が本当にいるのですから、驚きです。

そうはいっても、敬語をすべてきちんと身につけるのは、なかなか困難なこと。「自分や身内に関してはへりくだり、相手を立てる」という大原則を守るようにしていれば、少しくらい間違えても、面接官は大目に見てくれるはずです。

読書は、語彙や敬語など常識力を身につけるために役立ちますが、それだけではありません。伝える力も身につくのです。

本を読んで、「わかりにくい文章だなあ」と感じることがあるでしょう。そんなとき、「どうして、この文章はわかりにくいのだろう。どのように言い換えれば、わかりやすくなるかな」と考えてみましょう。

あるいは、「わかりやすい文章だなあ」と感心するような本に出合ったら、「わかりやすくするために、どんな工夫がされているのだろうか」と吟味してみてください。

この努力の積み重ねによって、あなたの伝える力＝コミュニケーション能力は磨かれます。この点については、後でさらに詳しく取り上げます。

③ 就活までに取りたい資格

どんな資格を取っておくと、就職に有利なのか。こんなことを気にしている人もいることでしょう。結論から言えば、**あまり神経質になる必要はない**、ということです。意味もなく多数の資格を取って履歴書に並べている人がいます。面接官からすれば、「この人は、いったい何をしたいのだろうか」と疑問に思ってしまいます。

まして、志願先とはまったく関係のない資格を取っていますと、「この人は、本当は、この資格を活かせる業種が第一志望なのではないか」と勘ぐられる恐れすらあります。

そうはいっても、英語など語学の資格は、取っておいて損はありません。社会に出て、実際に役立つ力を獲得したわけですから。ただし、たとえば英語の検定で、低いレベルの級が履歴書に書かれていると、「この人は、この程度の英語の能力しかないのか」と見られかねず、かえって逆効果です。ある程度高いレベルの級を取って書くようにしましょう。

私ができないことを棚に上げて申し上げれば、**英語以外に、もうひとつ何か言語の資格を取れていると有利**ですね。その場合は、低いレベルの級でも問題ありません。

Ⅲ 知識・情報収集力を身につけるには

① 情報源はみんな平等

就職活動する上で、情報収集は大事なこと。就職情報を集めるばかりでなく、世の中の出来事を知って、常識を高めておくことが必須だからです。

では、私は、どんな情報収集をしているのか。私の勉強方法を尋ねてくる方がいらっしゃいます。何か秘密の勉強法があるかのように思い込んでいる人もいるようです。ですが、そんなものはありません。特別な方法はありません。新聞や書籍などから愚直に情報を集め、自分なりに咀嚼《そしゃく》しているだけなのです。

情報入手先は多くの人と同じです。まずは新聞で最新の情報を知り、雑誌で解説を読み、よりよく理解するために関連の書籍、専門書を読むという方法をとっています。インターネットで情報を集めるという点も、他の人とあまり変わりはありません。

ここまで読まれると、「あれ、テレビは？」と思われるかも知れませんね。正直に申し上げれば、私はテレビをほとんど見ないのです。テレビのニュースは、ＮＨＫのウェブサイトを見ればチェックできますから。日本のテレビの場合、ワイドショーなどは、食べ物の話題や芸能人情報などが多く、見るに耐えません。ニュースでも、民放の場合は、軽い話題が多く、見ていて時間の無駄と感じてしまうことが多いのです。ウェブサイトでニュース項目を確認し、関心を持つテーマであれば、さらに独自に調べるという方法をとっています。

つまりは、**特別な方法などない**のです。

世界各国に駐在するスパイ諸君も、情報源の九十八パーセントは、その国の公開情報なんだそうです。私たち誰もが入手できる情報を収集し、独自に分析することで、インフォメーション（情報）をインテリジェンス（諜報）に加工して本国に送っているということです。

情報をうまく分析・加工することができるかが、どれだけのものを得られるかの決め手となります。

② 新聞をとろう

ヤフートピックスばかりでは…

その点でいえば、新聞は公開情報の宝庫です。日本に潜んでいる各国のスパイも、日本の新聞に隅から隅まで目を通しています。

それなのに、若い人の多くが、そもそも新聞を購読していないのは、もったいないことだと思います。

逆に考えると、あなたのライバルの多くが新聞を読んでいないのですから、**あなたが新聞を読むだけで、ライバルに差をつけることができる**のです。

ニュースならネットでチェックしているから大丈夫、という人がいます。では、その場合の「ニュース」とは、なんでしょうか。パソコンに電源を入れたときに、最初に「ヤフージャパン」のウェブサイトが出てくるように設定しておくと、画面の中心部に「トピックス」が八項目出ています。これが、あなたの言う「ニュース」ではありませんか?

このトピックス八項目のうち、下の二項目は、スポーツ・芸能ニュースです。ヤフーとしては、なるべく多くの人にクリックしてもらうことで、広告料を得たいところですから、硬いニュースばかりを並べることはせず、不特定多数の興味を引きそうな項目を必ず掲載して、ページビューを稼ごうとしています。

つまり、硬いニュースは六項目に過ぎないのです。一日に何度も内容が更新されますから、二十四時間で見れば、それなりの本数のニュースが掲載されますが、新聞本紙の記事量に比べれば、ほんのわずかに過ぎません。また、短いタイトルがつけやすい項目を選びがちで、じっくり読むような解説型の記事は登場しにくいのです。

新聞のウェブサイトだけでも…

では、新聞のウェブサイトでニュースを見るのは、どうか。

いま私は「ニュースを見る」という言い方をしました。新聞は「読む」と言いますが、ネットだと「読む」と言わずに「見る」と表現しますね。そうです。ネットだと、じっくり読む人はほとんどいません。チラッと見るだけなんです。これでは、新聞ならではの詳しい情報を得ることができません。

新聞のウェブサイトが、一日のどの時間によく読まれているかを調べたアメリカでのデータがあります。それによると、新聞のウェブサイトを訪問する人が多いのは、昼間なのだそうです。つまり、仕事中に、あるいは会社の休み時間に、ちょっと覗いて最新情報をチェックするというのが大半なのです。

また、新聞のウェブサイトに掲載されている記事には、詳しい解説がほとんどありません。第一報程度の内容しかないものが多いのです。その点、紙の新聞には、詳しい解説が掲載されています。経済の動きとか、政治の動きとか、解説がちゃんと出ています。それを、きちっと読むことによって、一般常識が身につく。社会に出て行く準備ができるのです。

同時に、いろんな記事を読むことによって、自分はこういう業界に入りたいとか、この会社だけは嫌だとか、そういうことを考えるきっかけにもなります。

最近の新聞は、若い人とりわけ大学生に読んでもらいたくて、夕刊や日曜日の別刷りに、就職活動中の学生のためのページが掲載されるようになりました。いろんな企業の紹介や、そこで働く人の紹介も出ています。あれは面白いし、それぞれが、どういう会社か、よくわかります。

というわけで、**就職活動を本気で始めるなら、新聞は必ず購読しましょう**。購読する新聞はひとつで十分。ただし、大ニュースがあったりしたときには、駅の売店やコンビニで、別の新聞も買って読み比べてみましょう。複眼的な見方ができることによって、そのニュースに詳しくなります。

なんといっても、面接官や、あなたを採用する人は、必ず新聞を読んでいるのですから。面接の最初に、「きょうの朝刊の一面トップは、どんなニュースだったかな?」などと質問する面接官も、たまにはいるのです。白状すれば、私のＮＨＫでの面接官が、この質問をしたのです。私は、その日の朝刊をちゃんと読んでいたのに、正しく答えられませんでした。

③ 日経新聞の呪縛

日経新聞の呪縛というものがあります。

「就職活動をするときには日経新聞をとらなきゃいけない」と思って、みんなが日経新聞をとる、これが日経新聞の呪縛です。

あるテレビ局での話です。内定した学生に対して、会社の幹部が、「この中で新聞をとっている人?」と聞いたら、三十人くらいのうち、五人しかおらず、五人とも日経新聞だったそうです。そのテレビ局の系列新聞を購読している人は皆無だったとか。

テレビ局志願者にしては新聞購読率が低いとは思いますが、読んでいる人は日経新聞という現状が明らかです。就職活動となると、みんな日経新聞をとるのですね。

でも、ふだん新聞を読んだことのない人が、いきなり日経新聞を読むのはハードルが高すぎます。チンプンカンプンで、「あ、新聞って、やっぱりむずかしい」と、新聞離れに拍車がかかってしまうと私などは思うのですが。

会社に入っている人は、日経が手強いと知っていますから、学生が、「日経を読んでます」って言っても、「へへーん」って鼻で笑います。就活で無理やりとってんだろう、とわかってしまいます。

それに、日経新聞を読んでも、世間の常識が身につくわけではありません。日経の一面トップは、ほとんどが、どこかの企業の具体的な経済活動の話ですから。

政治や社会の大きなニュースは、敢えて一面トップを避けているのだということがよくわかります。「自分たちは経済の専門紙なんだから」という自負が見えるのです。たとえば、朝日、毎日、読売が、一面トップで大きく取り上げる記事でも、それが経済ネタでなければ、よほどのことがない限り、一面の左や下の方にきます。

他の新聞の一面トップの記事よりも、「三井物産、ブラジル鉄鉱石の権益獲得」というのが、一面にくるんです。

商社に入りたい人だったら重要なことですが、その他大勢にとっては、あまり縁のない話です。まして、ブラジルの鉄鉱石の権益を獲得するということに、どういう意味があるかなど、相当の知識を持っていないと、大きなニュースであることが理解できないでしょう。

日経新聞に対する営業妨害になってはいけないのですが、一般の学生にとって、日経新聞はハードルが高すぎます。**日経新聞をとらなくてはいけない、という呪縛から自由になりましょう。**

もちろん、経済学部で、経済に詳しいという自信があれば、日経新聞をとってもいいですが、そうでなければ、他の一般紙でも十分だと思います。

一般紙を読むと、いろんな常識が幅広く身につくし、経済面も日経新聞に比べたら易しい書き方です。日経新聞の経済面は、専門家には興味深いのですが、一般の学生にはむずかしすぎます。

とりあえずは、いわゆる三大新聞と呼ばれる、朝日、読売、毎日なら、どれでもいいでしょう。あなたが地方に住んでいるのであれば、その地域で一番の部数を誇る地方紙を読んでおけばいいと思います。

その上で、ゆとりがあれば、日経新聞もどうぞ。日経新聞を否定するつもりは毛頭ありません。

④ ビジネス雑誌にも目を通そう

日経新聞は、会社員や経営層を主な読者対象にしていますから、どうしても学生にはむずかしくなりますが、同じ読者層を対象にしていても、ビジネス雑誌は、学生にも読める記事がたくさんあり、意外にお勧めです。

新聞は、宅配が原則。毎日自宅に届けられますから、発行部数は安定しています。新聞記者の中には、「読者が必ず読んでくれる」と思い込んで原稿を書いている人もいますから、わかりやすさ、面白さを重視しない記事が多くなりがちです。

その点、店頭売りが基本のビジネス雑誌は、なんとか読者に手に取ってもらいたいと、常に知恵を絞っていますから、新聞よりは、はるかに読みやすい工夫が随所にあります。

代表的なビジネス雑誌としては、『日経ビジネス』、『週刊ダイヤモンド』、『週刊東洋経済』、『週刊エコノミスト』が挙げられます。

『日経ビジネス』は、日経新聞の関連会社、日経ＢＰが発行している週刊誌。直接購読が基本です。一部の書店の店頭でも販売していますが、見たことはないかも知れません。図書館には必ずありますから、そこで手に取ってみてはいかがでしょうか。幅広いジャンルのビジネス情報を取り扱いますから、あなたにとって興味の湧くものもあるでしょうが、その一方で、ピンと来ないものもあるでしょう。日本の企業の管理職や経営層の多くが読んでいる雑誌ですから、「会社のお偉いさん」の志向・思考を理解するにはいい雑誌です。

『週刊ダイヤモンド』と『週刊東洋経済』はライバル雑誌。どちらも毎週月曜日発売です。中国経済や欧州危機、外国為替、復興経済など、大きなテーマ特集を組みます。書店の店頭に並びますから、実際に見て、興味を持てば買ってみる、という方針で、いかがでしょうか。いろんな企業が取り上げられますから、名の通った企業でも経営に苦しんでいる実態や、名前は知られていなくても、急激に成長を遂げている企業など、就職を考える上でのヒントがいっぱい詰まっています。

『週刊エコノミスト』は、毎日新聞社が発行している経済専門誌。こちらも毎週月曜日発売です。こちらは、具体的な企業研究ではなく、日本や世界の経済の全体を見渡す専門家の論文が中心です。経済学部の学生でないと、興味が湧かないかも知れません。

企業研究する上では、『会社四季報』、『日経会社情報』が役に立ちます。株式投資をしている人向けの本なので、上場企業の直近の経営状態が分析されています。経営状態が良好か、悪化しているかが、わかります。就職試験を受ける予定のリストに入っている企業については、この本で予習しておくといいでしょう。

⑤ 本を読もう

面接を受けに来た学生が、日頃本をよく読んでいるかどうかは、二言三言やりとりをするだけでわかってしまう、と前に書きました。ちょっとした言葉遣いでわかってしまうのですから、恐ろしいものです。

実は企業の経営層には、読書好きの人が大勢いるのです。資生堂の福原義春名誉会長も、そのひとりです。働きながら大量の本を読んできました。それが、経営全体に対する視野の広さにもつながっています。社長時代の一九九二年、資生堂創立一二〇周年の記念事業として、ジャン・ジオノの絵本『木を植えた人』を自費で外国人社員を含む二万人に贈ったことが話題になりました。福原さんの『だから人は本を読む』(東洋経済新報社)を読むと、本が与えてくれる教養の深さに感動します。

書く行為や話す行為をアウトプットとすると、読む行為はインプットと言えます。

質の高いアウトプットをするためには、インプットが欠かせません。書くことを仕事にしている人の多くは、若い頃から現在に至るまで、実にたくさんの本を読んでいます。それこそ年間に二〇〇冊、三〇〇冊読む人も珍しくありません。

そうやって大量の知識を吸収し、自らの血肉にしています。

豊かな表現力や説得力のあるアウトプットのためには、**本を読むことがどうしても必要**です。

「子どもの頃に本を読まなかったから、もう遅い」と悲観する人もいるかもしれませんが、落胆する必要はありません。いいえ、落胆している暇はありません、と言った方がよいでしょう。**今日からでも明日からでも本を読んで、それを習慣にしてください。**

「本を読む時間がない」という人がよくいますが、そんなことはないはずです。学校への往復の電車の中、昼休みの十分、あるいは飲食店での一人ランチで食事が運ばれてくるまでの十分、寝る前の十数分……。読む気さえあれば、時間はいくらでも見つけられるはずです。

「読むのが遅くて、一冊読むのも一苦労。速読術をマスターしないと、今の時代、対応できないのかな」と言う人もいますが、読書量を増やすには、何も速読術をマスターする必要はありません。一文字一文字読んでいくオーソドックスな方法でも、毎日、本を読んでいれば、そのスピードは間違いなく速くなります。

読み始めは時間がかかっても、その著者の文章のリズムに慣れてくると、次第に、読書のスピードは加速します。最初の十数ページを読むのは時間がかかるでしょうが、後半からは、猛スピードで読めるはずです。

⑥ 情報収集のための書店の歩き方

読書のためには書店めぐりが欠かせません。書店に行く時間がなく、探している本の題名などがはっきりしているときは、アマゾンなどのネット書店で注文しても構いませんが（私も利用していますが）、基本は実際に書店（最近はリアル書店と呼ばれます）の中を歩き回ることです。

初めての書店を見て回るには時間がかかりますが、行きつけの書店を決めておき、何度も足を運べば、ジャンル別の本の並べ方がわかるようになります。そうなると、一回の書店巡回は、短時間で済むようになります。

私の場合、毎日のように書店に顔を出していますから、新刊書が入れば、すぐに気づきます。その時点で、新刊書を買うかどうか決めてしまいます。「買うかどうするか、今度決めよう」などと考えていたら、次に来たときには、店頭から姿を消しているということがしばしばあったという苦い経験から学んだことです。

日本の書籍流通には問題が多く、新刊本の多くは、一週間程度しか店頭に置かれません。その段階で売れ行きが良ければ、一週間ずつ展示の寿命が延びていきますが、売れ行きが止まったら、書店はさっさと返品してしまいます。毎日大量の新刊本が入荷するため、置いておくスペースに困っているからです。

となれば、迷ったら買っておく、という方式が一番というわけです。結果として、読みきれない大量の本を抱え込むことになってしまいましたが。

でも、**情報収集には金を惜しまないこと**です。

⑦ ネットの落とし穴に気をつけよう

社会人はネットをそれほど見ていない

情報収集のひとつの手段として、会社のウェブサイトから正規の情報を得るためにネットを利用するのは、当然のことです。

就職サイトへの登録も、やっておいたほうがよいでしょう。

リクナビ、日経就職ナビ、マイナビ、就活ナビ…。多数ありますが、二つくらいを精選すれば十分でしょう。たくさん登録しすぎて、情報が来すぎると振り回されてしまいますから。

きちんとした情報を得るためのネットの利用というのは、大いにやるべきです。

ただし、落とし穴もあります。ネットには、都市伝説があふれています。ネットで、こうした類の話を集め出すと、不安が募るばかりです。

どうしても必要なネット情報以外は、読まなければ心の安定が保てるのです。

ネットをいつも見ている人は、ネットの世論やネットの情報が、世間を代表していると思ってしまいがちです。ところが実際には、世間の大人の多くは、ネットなどほとんどあるいはまったく見ていないのです。そのことを端的に明らかにしているのが、中川淳一郎さんの『ウェブはバカと暇人のもの』（光文社新書）です。実に刺激的な題名です。

著者はネットの仕事をしています。親族の集まりで、「どんな仕事をしているんだ」と聞かれたことがきっかけになって、最近、ネットの世界で話題になっているのは、という話になりました。中川さんが、「吉野家のメガ盛り」の話題を持ち出すと、親族たちは誰も知らなかったそうです。

もうだいぶ前の話になりますから、あなたも知らないかも知れません。吉野家のメガ盛りというのは、吉野家のアルバイト店員が、吉野家の牛丼を山のように盛って「メガ盛り」と称し、それを写真に撮ってブログに載せたことを指します。「吉野家の従業員が、こんなことで遊んでいるとは、けしからん」とネットの世界で大騒ぎ。そのブログが炎上しました。この本によれば、この「メガ盛り」は、ネットの世界では大変な話題になったそうです。

でも、親族たちは、誰もそんなことを知りませんでした。これが世の中というものです。

学生は、ネットで情報を調べます。すると、ネットに上がっている情報を、みんなの常識だと思い込んでしまいがちです。これは怖いことです。会社の人たちは、そんなことは全然知りません。仕事で忙しい人は、つまりリア充（バーチャルでなくリアルな生活が充実している）な人たちは、バーチャルなネットなど見ている暇がないのです。

ネットの噂話は、不安を煽るだけです。それが世間の常識だと思い込んでしまうと、とんでもない失敗をします。リアルな世界とバーチャルなネットの世界。双方のバランスをとった生活を心がけましょう。

面接で、やたらにネットの話に詳しいことがわかると、会社の面接官の中には、「この人はリアルな世界で生きていく力のない人かも知れない」と考える人がいるかも知れません。

ネットの落とし穴

あなたは、ｍｉｘｉやフェイスブックなどのソーシャルネットワーク（交流サイト）に参加しているでしょうか。ツイッターでつぶやいている人も多いことでしょう。でも、そこにも思わぬ落とし穴があります。

二〇一一年五月、外資系スポーツ用品店の銀座店で働く女性社員が、買い物に来たサッカー選手とその奥さんの容貌についての感想を、自分のツイッターに掲載しました。つまりは悪口です。ツイッターでつぶやくことが、どんなことなのか、大学を出たばかりのこの女性社員、認識していなかったようです。

ツイッターでつぶやいた内容は、あっという間にネットの世界で話題になり、この女性が参加して実名で登録していた交流サイトの情報や顔写真が拡散。さらには、この女性の学生時代の所属ゼミでの自己紹介の文章までネット上に晒《さら》されてしまいました。

このスポーツ用品店の幹部が、選手と所属チームに謝罪し、ホームページにお詫びの文章を掲載したことは言うまでもありません。その文章の一部を引用します。

「スポーツブランドとしてあるまじき事であり、この事態を厳粛に受け止め、このようなことが繰り返されないよう、社を挙げて再発防止を徹底してまいります。

当該社員からは経緯を聴取し事実関係を調査中です。処分については、調査結果に基づき、会社規定に従い厳正なる処分を検討いたします。

弊社では全社員に対し入社時に、スポーツブランドとしての行動規範をはじめ、お客様情報の守秘義務等に関する研修を行っております。

しかしながら今回、このようなことになり、改めて社を挙げて再発防止に努めて参る所存でございます。

全社員のコンプライアンス意識の向上を図り、スポーツ選手をはじめスポーツ界、そして社会からの信頼回復に向けて邁進していく所存でございます」

この会社のブランドが大きく傷ついたことは明らかです。

「この店にうっかり買い物にも行けない」という感想を持った客も多かったようです。

ツイッターに気軽に書き込んだ一言によって、彼女は、せっかくの人生に大きな傷を負ったのです。

Ⅳ　コミュニケーション力を身につけるには

①　読書で伝える力を磨く

さきほど、知識・情報収集でも読書は大事と言いましたが、読書によって養われるものに、「伝える力」があります。

「伝える力」を養うには、どのような本を読んだらよいか。いわゆるビジネス書の類やハウツー本も参考になるでしょう。しかし、これら以上に私が勧めたいのは小説です。

小説のジャンルは、ミステリーでもファンタジーでもＳＦでも歴史ものでも、あるいは恋愛小説でもビジネス小説でも、そのほかなんでもかまいません。

相手に何かを伝えようとするときには、その相手に、伝えたいことのイメージを持ってもらう必要があります。そのイメージの伝え方を学ぶには、小説を読むのが最適です。

小説を読んでいて、頭の中に絵が浮かんできたという経験は、多くの人が持っているはずです。

優れた小説には、余計なことが書かれていない反面、読者の興味をかきたてる要素は、しっかり押さえられています。そうした物語を読んだ読者は、それぞれ、自分でイメージを膨らませ、頭の中で絵を描きます。

たとえば、川端康成の「雪国」の有名な書き出しです。

国境の長いトンネルを抜けると雪国であった。夜の底が白くなった。信号所に汽車が止まった。

「夜の底が白くなった」という表現。景色が一変し、何かが起こり出す。読者の興趣は一気に駆り立てられます。

あるいは、夏目漱石の「我輩は猫である」の冒頭です。

我輩は猫である。名前はまだない。

どこで生まれたか頓と見当がつかぬ。なんでも薄暗いじめじめしたところでニャーニャー鳴いていたことだけは記憶している。


主人公が猫であることに、まず興味を惹かれます。いったいこれから何が始まるのだろうという興味は尽きないし、文章のリズムも心地よい。

このように相手にイメージを喚起させ、膨らませる力は、ビジネス書やハウツー本にはあまり期待できません。物語の世界にまで誘ってくれる小説にこそ、期待できることです。


なお、理想を言えば、小説を読むときには、単に内容を追って理解するだけでなく、こんなに引き込まれるのは、どんな書き方をしているからだろうか、と考えてみましょう。文章構造を分析しているもう一人の自分と一緒に読んでみるのです。

小説で使われている読み手を引き込む手法。これを、自分なりにいくつか見つければ、きっと大きな武器になるはずです。

② 腹式呼吸で聞きやすい話し方を

「伝える力」を磨くためには、聞きやすい話し方をすることも大切です。同じことを言っていても、聞き取りにくい話し方をする人と、落ち着いた、滑舌のよい話し方をする人とでは、相手に与える印象、信頼性が違ってきます。

アナウンサーは、よく通る、明るい声をしています。もちろん生まれつきの能力もありますが、放送局に採用されてからの研修で、あれだけの発声ができるようになっているのです。その一番の秘訣が腹式呼吸です。

私はNHKでニュースキャスターを務めていたこともあり、アナウンサーだと誤解されることがありますが、そうではありません。記者として採用され、取材・執筆の研修は受けましたが、話し方の研修は、一度も受けたことがありませんでした。

ところが、三十八歳のとき、突然キャスターとしてニュース原稿を読むことになりました。あわてて練習を始め、空いているスタジオでニュース原稿を声に出して読んでみましたが、息が続きません。滑舌も悪く、大きな声を出そうとすると、声帯に負担がかかってしまいます。

「これはたまらん」と思い、NHKの『アナウンス読本』を買いました。これには、発声法から説明されています。そこで知ったのが「喉で声を出すのではなく腹から声を出す」という腹式呼吸です。

腹式呼吸の練習時間を毎日とることはできなかったので、ちょっとした時間、たとえば電車でたまたま座れたら、短時間でも深呼吸を繰り返す、という練習をしてみました。

腹に力を入れて声を出す、ということを一日に何回か、自覚的に繰り返しているうちに、気がつくと、マイクなしでも遠くまで声が響くようになりました。喫茶店などで、小さな声で話したつもりが、はるか遠くの方が振り返ったりして驚くこともしばしばでした。さらに、腹式呼吸で話すと、喉がくたびれないということも実感しました。

試してみてください。まず、椅子に深く腰掛け、背筋を伸ばします。深呼吸をして息をたっぷり吸い込みましょう。腹に力を入れ、ゆっくりと息を吐き出します。これを何回か繰り返したら、今度は息を吐きながら大きく「あー」という声を出してみましょう。その際、喉に力を入れず、腹から声を出すつもりになってください。「あ——」と伸ばして長い音で出してみてください。その時に、なるべく低い声を出そう、あるいは身体を共鳴板にしようと心がけてください。「あ——」と声を出したときに手を胸に置いてみましょう。胸がびりびりと共鳴するようになればしめたものです。どうでしょうか。身体全体が共鳴している感じになりませんか。

身体全体が、まるで楽器のように共鳴するようになるまで繰り返してみてください。これが腹式呼吸による発声法です。

腹式呼吸で話すと、自然に低音になり、落ち着いた喋りができるようになります。自信に満ちたしゃべりに聞こえるようになります。

自信に満ちたしゃべり方をすると説得力も増します。面接でも有利になることは言うまでもありません。

あなたにもできる発声法、試してみてください。

③ わかりやすく説明する練習

自分の話は、他人が聞いてわかりやすいかどうか、案外自分ではわからないものです。

他人に伝わりやすい話し方を身につけるため、日頃からできる効果的なトレーニングとしては、**自分が話す様子を録音する**という方法があります。

自分の声を聞くのは恥ずかしいですし、嫌になって、ますます自信を失ってしまうかもしれません。そんな時は、全部を聞き返さなくても結構です。とりあえず、十数分程度、聞き直してみてください。

自分では、ゆっくりと落ち着いて話していたつもりだったのに、実際には、早口で何を言っているのかがわからなかったり、「えー」「あの」がひっきりなしに出てきたり。おそらく、愕然とするはずです。

しかし、成長のためには現実を直視することです。

ゆっくり落ち着いて話しているか。十分な間をとっているか。意味のない、「あー」や「えー」の間投詞が多すぎないか。一つ一つの欠点について、チェックするとよいでしょう。

上達するには、自分の手本となる人を見つけましょう。

あなたの周囲にも、話が上手な人がいるはずです。話がとりわけ下手な人もいることでしょう。そんなとき、「なぜ上手なのか」「なぜ下手なのか」を考えてみることです。

つかみが上手なのか、間のとり方が上手なのか、具体的な話を重ねた上で一段上の抽象化をしてみんなを納得させるからか、得られるものがあったというお得感を与えるからなのか。

うまい点は真似をする、下手な点は反面教師にする。

それが、あなたの話し方を上手にする秘訣です。

④ 相手に聞いてもらうためのテクニック

面接では、目の前に座っている面接官たちを、どれだけ見ればいいのか、どこを見て話すべきか、悩んでしまうのではないでしょうか。なかなかむずかしいものです。

基本は、相手の目をしっかり見ることです。とはいえ、それを実際にやってみると、まるで相手を睨《にら》んでいるような印象を相手に与えてしまいます。欧米ですと、しっかり相手の目を見ていないと、相手を無視しているかのようになって失礼であるとされていますが、日本はそうはいかないのです。

かといって、別の方向を見ているわけにもいきません。そこで、基本動作を伝授いたしましょう。

自己紹介のときには、次のように始めます。

「○○でございます。よろしくお願いします」と、真正面に向かって挨拶しましょう。

そのとき、一瞬だけ、相手の目をしっかり見ます。

着席が認められ、面接官が質問を始めたら、発言している人の方に顔を向けましょう。その上で、時々目を合わせながらも、多くの時間は、その人の顔全体を、なんとなくぼんやりと見ていましょう。あるいは、その人の目のすぐ下あたりに焦点を合わせておくのもいいでしょう。これなら、睨まれているという印象を与えないで、「しっかり話を聞いていますよ」という態度を示すことができます。

このとき、ほかにも面接官がいる場合は、質問した面接官ばかりを見ているのは避けましょう。時折り、ほかの面接官とも視線を合わせながら答えるのです。こうすれば、ほかの面接官も無視していないという気持ちを伝えることができます。

あがってしまうと、ひたすら前だけを見て話しがちですが、それだと、正面以外の席に座っている人たちは、「おいおい、俺のことは意識してくれないのかよ」と疎外された気持ちになってしまいます。

まずは、一瞬ずつでも、ひとりひとりに視線を合わせましょう。「あなたにも、あなたにも、あなたにもお話をしますよ」と心の中でつぶやきながら話を始めます。

面接会場にいる人全員に話をしているのだという自覚を忘れずに。そうすれば、ほかの面接官も、「この学生、なかなか礼儀正しいな」という好印象を持ってくれます。

V いちばん大事な力は聞く力

就職活動でも大事なコミュニケーション能力。これを、自分が相手に伝える力のことだと思い込んではいませんか？　そうではないのです。ここを間違えると、大変です。

コミュニケーション能力とは、相手とのきちんとした会話のキャッチボールができる力のことです。そのためには、相手が投げてきたボールを、しっかりキャッチしなければなりません。つまり、**相手の言うことをしっかり受け止める力**がなくてはなりません。面接官が何を聞こうとしているのかが理解できなければ、答えようがありませんね。でも、その力は、一朝一夕に身につくわけではありません。日頃からの心がけが大切です。

そのためには、いつも他人の発言を、虚心坦懐《きょしんたんかい》に受け止めることです。どんな発言であっても、発言した人には、なんらかの思いがあるはずです。まずは、それをしっかり受け止めることから始めましょう。「なに馬鹿なことを言っているんだか」と思うようなことがあっても、それを顔に出さず、まずは、その論理を理解するように努めてください。「あなたの言っていることを、しっかり聞いていますよ」という姿勢を示しながら、「全身を耳にして」聞くようにしましょう。あなたのその姿勢は、相手にも伝わります。「ああ、この人はちゃんと話を聞いてくれているな」と思えば、気分もいいもの。いつしか会話のキャッチボールが成立します。

私がテレビ朝日系列の番組『そうだったのか！　池上彰の学べるニュース』を担当していたときのこと。ひな壇に並ぶ芸人さんたちが、さまざまな質問をしてきます。中には、いささか脱力してしまうようなレベルのものもあります。でも、芸人さんの質問の意味を、それこそ全身を耳にして聞き取ることで、何を言いたいのかがわかってきます。すると、「ああ、こういう疑問を持つ人は多いだろうな。ここできちんと答えると、視聴者の理解にもつながるな」ということが判断できます。

私が、芸人さんのどんな質問にも丁寧に答える姿勢をとっていると、芸人さんたちも、気軽に質問を投げかけてきてくれるようになります。こうしたキャッチボールによって、番組の雰囲気もよくなっていくのです。

4章 企業のどこを見るべきか～会社・業種選びのコツ教えます

I 仕事選びで迷う人へ…人生どう生きるか

リクルート、人気企業ランキング非公開に

いまの大学生に人気の企業はどこか。この人気ランキングを一九六二年から実施して公表してきたのが、就職情報会社リクルートでした。その時々の人気の上下に、社会の傾向が読み取れました。ところが、そのリクルートが、二〇一一年から調査結果を非公表にしたのだそうです（読売新聞五月十七日記事より）。「学生の増加と価値観の多様化で、総合ランキングを発表する意味も薄れた」というのが理由です。

人気ランキングで上位にあったからといって、就職して、いい結果が出るとは限りませんし、相性もあります。企業の実態を知らずに、「人気企業だから」という理由だけで志望しても、意味がありません。

それに、人気ランキングには、誰でも知っている会社の名前が並びます。企業間での取引が中心の会社は、たとえ優良企業であっても、知名度が低いためにランキング入りしないということになります。

学生には、**企業の名前ではない部分で就職先を選んで欲しい**という願いもあるのでしょう。

会社を選ぶのか、業種を選ぶのか

就職先を考える上で大事なことは、人生どう生きるかということでしょう。

「会社を選ぶのか、業種を選ぶのか」

これは、永遠の課題です。

世の中には、有名な会社がいくつもあります。そのときに、**「有名な会社だからそこに入ろう」と思うのか、「この仕事をしたいからこの会社に入りたい」**のか、あなたはどちらなのでしょうか。まずは、それを自問するところから始めてはどうでしょうか。

たとえば、三菱商事や三井物産は、誰でも知っている有名企業です。給料も高そうです。

入社すると、多くの社員が、個別の商品取引の部署に配置されます。ジャガイモの輸入買い付けの部署であれば、ひたすらジャガイモの買い付けをします。

魚の輸入であれば、モロッコに行ってタコを買い付けてきたりもします。こんな地味な仕事を何年も続けます。

三井物産や三菱商事という名前に惹かれて入ると、「こんなはずではなかった」と思うかも知れません。

でも、最初から商社の仕事に憧れて入社すれば、「商社がこうやって世界からいろんなものを買い付けることによって、日本人の食を支えているんだ」と思えるはずです。アフリカやアマゾンの奥地での仕事であっても、やりがいがあることでしょう。

さて、あなたは、どうやって志望先を決めるのでしょうか。

下積みの苦労があってこそ

一見華やかな仕事でも、そこまでには長い下積み生活があります。たとえばテレビのニュースキャスターです。就職したとたんに、テレビカメラの前で、国際情勢について語る……なんてことができるわけはないことくらい、わかるでしょう。

キャスターは、さまざまなニュースの現場を知っていなければ務まりません。まずは警察回りの記者から始めます。事件や事故があれば現場に飛び、聞き込みを終えて帰宅する捜査員を、自宅の前で張り込む。真冬の吹きさらしの中で、いつ帰ってくるかもわからない捜査員をひたすら待ち続ける。空振りに終わるかも知れないし、たとえ会えても、相手にしてもらえないことがほとんど。そんなことを毎日毎日繰り返すのです。

華やかな仕事に憧れているだけでは、とても務まりません。よほど、この仕事が好きでないと、耐えられないはずです。

志望先の周辺の仕事にも目を向けよう

就職活動で悩む人の多くは、自分が何をやりたいかがわからないのではないでしょうか。

逆に言えば、**就職活動は、自分はどう生きたいのか、どう生きるべきか、人生を見直す絶好のチャンス**なのです。

いくら「この会社に入りたい」と思っても、うまくいかないことはあります。その会社の試験に落ちたら、その会社の社員になる夢は消えてしまうかも知れません。**でも、「こういう仕事をしたい」という明確な目標があれば、話は別です。**

サッカー選手に憧れ、Jリーグの選手になりたいと思っていても、特別な才能がある人しかなれません。しかし、Jリーグの選手にはなれなくても、Jリーグを経営している親会社の社員にならなれるかも知れません。あるいは、サッカー用具を売っているスポーツ用品店に就職するという選択肢もあるはずです。サッカー情報誌の編集者という道もあるでしょう。サッカーの選手生命は短いものですが、周辺の仕事をしていれば、長くサッカーと関わることができるのです。

ふと気がつくと、自分が思い描いていたものとはちょっとずれたけれど、広い意味で言えばその業界で働くことができた、ということがあるのです。

私の場合も、小学生の頃から新聞記者に憧れていました。ところが、実際の就職活動では、テレビ局に入りました。でも、そこで一生懸命仕事をして、やがて独立。ふと気がつくと、いくつかの新聞に連載コラムを持っていました。新聞記者の仕事ができるようになったのです。

何のために就職するのか

教員になりたいと思っていたのに、希望がかなわなかったとしましょう。そういうときは、「なぜ自分は先生になりたいと思ったのか」と自問自答してみてください。人にものを教えたい、若い人にいろんなことを教えたい、次の世代を育てたい、人材を育成したいと考えていたのではないでしょうか。となれば、予備校の先生だってそれはできるはずです。通信教育の会社もありますね。あるいは、教育関係の雑誌の編集者という道もあるはずです。人材育成会社の社員という選択もあります。

もし「学校の先生になりたい」と考えたら、「なぜ先生になりたいのか」と突き詰めて考えてみましょう。そうすれば、学校の先生ではなくても、やりたいことを結果的にやれるチャンスはあるのです。

そういう意味で考えると、**「どういう仕事がしたいのか」を真剣に考えて欲しい。**そこから会社選びをして欲しいのです。

Ⅱ 「その会社に就職」するのか「その仕事を選ぶ」のか

「部長ならできます」？

会社の部長が、五十歳くらいになってリストラされたときのこと。就職幹旋会社に次の就職先を依頼すると、相手は、「あなたは何ができますか？」と尋ねます。すると、その答えは、「部長ならできます」。

これでは役に立ちませんね。それまで勤務していた会社の部長が務まっていたのは、その会社に長年勤めていたことで、いろんな部署に知り合いがいて、社内にネットワークができていたからです。ある企画を通そうとすれば、どこに話を持っていって、どのように根回しをすればいいかを知っている、そういうプロだったのです。ですから部長が務まった。

しかし、他の会社に行ったら、そういう人間関係がないわけですから、何の役にも立ちません。日本には、あまりにも、課長ならできます、部長ならできます、という人が多すぎます。「つぶしがきかない」人です。

そう考えると、**「この会社で、これについては自分が一番のプロです」と胸を張って言えるような能力を持っていれば、どの会社でも仕事ができる**ということです。そういう人たちのことを、**「つぶしがきく」**といいます。

あなたも将来、就職したら、「つぶしがきく」人材になるべく努力してください。

たとえば金融業だったら

金融業を例にして考えてみましょう。

ある特定の銀行で偉くなろうと思うと、社内政治が顔を出します。いわゆる派閥抗争ですね。派閥抗争が比較的少ない企業もありますが、社員数が多くなれば、どうしても何らかのグループが生まれます。

ましてメガバンクと呼ばれる大手銀行の場合、これまで何度も合併を繰り返していますから、かつて所属していた銀行の社員同士の結束がありますす。そんな中での出世は大変です。

でも、**金融業の役割とは、何でしょうか。それは、「お金があるところ」から「お金がないところ」にお金を動かすことです。**金融とは、お金を融通するという意味ですから。

お金があるところというのは、別にお金が余っているところ、という意味ではありません。私たちが銀行に預金をします。定期預金であれば、しばらくの間、引き出すことはありません。その一方で、「新しい事業を始めたい」という会社があります。でも、新しい仕事を始めるためのお金がない。お金を借りたいな、という人がいる。その仲介役をするのが、銀行です。定期預金を貸し出すのです。銀行がお金を動かすことによって、その会社が新しい事業を始め、それによって大きなことが実現すれば、世の中のためになるのです。

たとえばユニクロ（会社名はファーストリテイリング）。ユニクロが大きくなる途中では、各地に店舗を出すための資金が必要になります。そのための資金を金融機関から借りました。金融機関がお金を貸してくれたからこそ、いまのユニクロがあるのです。ユニクロが日本で果たしている役割を考えれば、表には見えないけれど、ユニクロを助けた、育てた銀行があるわけです。

あのトヨタだって、倒産の危機に見舞われたことがあります。そのときにお金を貸してくれた銀行があったからこそ、トヨタは生き残ることができたのです。

そう考えると、金融業とは、やりがいのある仕事だと思えませんか。だから、「そういう仕事をしたい」と思って銀行に入れば、活躍の場はいくらでもあります。別に出世などしなくても、いいではありませんか。

「そういう仕事をしたい」と思って選ぶのか、単に「銀行に入っていい生活をしたい」と思って選ぶのかによって、やりがいはずいぶん違ってくるはずです。

「地図に残る仕事」

以前あるゼネコン（大手建設会社）のＣＭに、「地図に残る仕事」という印象的なものがありました。地図帳を開くと、本州と四国を結ぶ本四連絡架橋が書いてあります。この橋を架ける仕事をした会社だよ、というわけです。

東海道新幹線の車両を作った会社は、「歴史に残る仕事」をしたことになります。大規模プロジェクトを請け負うと、それは「地図に残る仕事」になる。

大がかりな橋の工事を請け負った会社の社員が、自分たちの仕事に誇りを持つように、そのための資金を提供した会社の社員も、きっと密かに仕事に誇りを持っているでしょう。

「働く」とは、こういうことなのです。

Ⅲ 親の勧める会社は時代遅れ？

広告を見ては後悔する学生

　このところテレビでグリーのＣＭをよく見かけます。この企業は、携帯電話で無料のゲームが楽しめるサービスを提供しています。このＣＭを見るたびに後悔する学生の話が、先日の日経新聞に出ていました。

　この学生は、将来伸びそうな企業としてグリーを選び、就職の内定を得ました。ところが、親が猛反対。「そんな名前の会社、聞いたことがない」というわけです。

　この学生、結局は親の勧める、名の通った伝統のある企業に就職しました。ところが、それ以降、グリーの快進撃が止まりません。ついには、若者なら誰もが知っている企業に成長しました。「あのとき、内定を断っていなければ…」と後悔しているのだそうです。

価値観は、時代によって大きく変わります。それぞれの時代で、人気の企業や業種は変化します。

その一方で、歳をとっても、若い頃に刷り込まれた印象は消えません。歳をとると、新しい情報が、なかなか受け付けられません。このため、親の世代が、「こういう企業や、こういう業種がいいんでしょ」と言うときは、要注意。これは今のことではなく、親が若い頃に、「こういう会社はいい、こういう業種が有望」と刷り込まれたものが、そのまま続いていたりするからです。

ニッサンからトヨタへ

昔は、学生に人気の自動車会社といえば日産自動車でした。東京銀座に本社があって、おしゃれな自動車会社。今は、本社が横浜に移りましたが。

東京の学生たちの間では、「愛知県の田舎にあるダサいトヨタなんて、誰が行くの?」というような風潮の時代がありました。

親にしても、「愛知県の本社に就職するより東京の会社に就職してほしい」というわけです。

それが、今はどうでしょうか。もちろんカルロス・ゴーンによって日産自動車は見事に甦りましたが、「愛知の田舎の自動車会社」は、「世界のトヨタ」に発展しました。どうして逆転したのでしょうか。

かつて日産は、「技術の日産」をキャッチフレーズにしていたことがあります。要するに「技術は日産が一番優れているよ」という意味です。確かにそういう時代もありました。

でも、「技術の日産」というスローガンを使い続けたことによって、その言葉の呪縛によって、「日産が技術は一番優れているんだ。優れた技術を生かした車を売り出せば、お客は買うんだ」と思ってしまったのです。

そうなると、トヨタの新しい車が売れたから同じようなタイプの自動車を作るべきだと販売が主張しても、技術陣が反対します。「目新しい画期的な技術がないじゃないか！　こんな、新しい技術もない車なんて出せるか」というのです。かくして、お客に売れる車を出すという点で、次第にトヨタに遅れをとっていきました。

一方トヨタは、何が売れるのかを徹底的に考えました。「お客様に売れる車を考えよう。どういう車が売れるのか」を考え続けたのです。

トヨタがお客の立場で新車開発を進めたのに対して、日産は、「優れた技術、新しい技術の車を出そう」という作り手の発想になってしまい、結果的にお客さんのためになりませんでした。

時代は変わるのです。今後もしトヨタが慢心したら、「昔は世界のトヨタと呼ばれたものだが」と言われてしまう時代が来るかも知れないのです。

Ⅳ 業種にも栄枯盛衰がある

① どんな業種がいいのか

企業に栄枯盛衰があるように、業種にも栄枯盛衰があります。

終戦直後、一番の花形は石炭業界でした。なんといっても石炭は、「黒いダイヤ」と呼ばれていたほどですから。日本のエネルギー源は石炭。それをエネルギーにして、製鉄業も発展していきます。となると、当時の東大生などエリート学生の多くは、みんな炭鉱業に入って行ったのです。

同じように当時よかったのは、繊維産業でした。帝国人造絹絲や東洋レーヨン、鐘淵紡績という名前の会社の羽振りがよかったのです。これらの会社は、やがて繊維産業が斜陽になるにつれ、別の分野に進出。事業内容に会社の名前が合っていない、となり、帝国人造絹絲は帝人になり、現在のロゴマークはＴＥＩＪＩＮと、アルファベットになってしまいました。同じように、東洋レーヨンは東レに、鐘淵紡績はカネボウにと変わっていきました。

でも、終戦直後は、石炭や繊維産業に進めば、高い給料が保証され、将来安泰だということで、当時の大学生の就職一番人気でした。

ところが、やがてエネルギー革命の波が押し寄せます。石炭から石油に変わることで、石炭産業は没落していきます。

繊維産業も、やがて人件費の安い開発途上国に負けてしまうのです。

業種選びに「絶対」はありません。誰も予想しえない、想定外のことが、時代の流れで起こるのです。今の時代の人気産業だからといって、これから何十年もの間、安泰だというものはないことを知っておきましょう。

② 業種の社会性を考える

社会にとって必要な業種・会社かどうか

業種選びでは、もちろん、自分のやりたい仕事の業種があればそれでいいのですが、もうひとつ考えておきたいのは、「これは社会にとって大事な業種かどうか。この会社は、社会にとって必要かどうか」ということです。

「これは、社会のためになっている仕事なんだろうか」、ということを考えるのも、ひとつの手でしょう。

たとえば、鉄道業。これは、車の運転ができない人を含めて、大勢の人を安い料金で、大量に輸送する仕事です。とても意味のある、価値のある仕事ですから、これはなくならないでしょう。このように、社会にとっての必須の産業であるかどうかということなのです。

社会にとって大事な仕事をしている会社は、生き延びられる可能性が高い。必ず残るかどうかは、わからないですが。

かつて豊田商事という会社がありました。トヨタ自動車の関連企業と勘違いさせることを狙って、この名前にした悪徳商法の会社でした。この会社の社員になると、群を抜く高給取りになれました。しかし、悪徳商法ですから、結局は潰れてしまいます。

社長がいつ警察の摘発を受けるか、社長の住むマンションの前でテレビカメラが待ち構えていたところ、暴漢が社長の自宅に侵入。社長を殺害してしまいます。テレビカメラの前での犯行とあって、大騒ぎになりました。

いくら収益を上げても、社会にとって価値のある仕事でないと、存在できなくなるのです。

役に立っていても消えた産業

一方で、社会の役に立ってはいたけれど、やがて消えていった産業もあります。アメリカの西部開拓時代の話です。当時は駅馬車がありました。各地に駅を作り、駅と駅の間を馬車で結び、客や荷物を運んだのです。当時の社会に役に立つ仕事をしていたわけです。

ところが、やがて鉄道が敷かれます。最初は、「海のものとも山のものともわからない鉄道なんて、誰がやるんだ」と、誰にも相手にされなかったのが、いつしか鉄道の方がよくなって、駅馬車は、消えてなくなります。

こういうときには、そもそも自分の企業は、本質的にはどんな仕事なのか、ということを考えなければなりません。つまり、駅馬車の仕事とは、馬車で客や荷物を運ぶことでしょうか。そうではありませんね。この産業の本質は、人や荷物を安全に、かつ安価に、A地点からB地点に運ぶことなのです。

それがわかっていれば、駅馬車よりも鉄道の方が優れている、駅馬車に未来はないということが、もっと早くわかったはずです。

あるいは、電報という仕事がありました。手紙や速達よりも急いで相手に知らせたい。そういうときに役立ったのが電報です。私がＮＨＫの就職試験に受かった知らせも、電報でした。

今では電報は、祝電や弔電しか出番がありませんね。急ぎの知らせは、携帯電話やインターネット、宅配便、メール便、バイク便で用が足りるのですから。

これも、電報という仕事は何のためのものか、と本質を考えるとわかります。ある情報をある人に、いち早く伝える仕事なのだとわかっていれば、電話が始まり、ネットが普及すれば、消えていく仕事なのです。

社会の役に立っている仕事は、とてもたくさんあります。でも、**「そもそも、この仕事は何のためのものなのか、本質は何か」と考えてみると、本質的なところで優れたライバルが出てくれば、そちらに負けるのです。**

それが、**企業の寿命**ということでもあります。そのときに、駅馬車の会社が鉄道企業を始めるとか、鉄道事業に付随したことをやるとか、自らが変わっていければ、生き残りの道もありますが。

就職先選びでも、そういう見る目を持つことができるかどうかが重要です。

社会にとって意味ある仕事でも

社会にとって意味のある仕事でも、介護や福祉は、なかなか利益が上がらない業種です。

介護や福祉は、これからますます高齢化が進む中で、絶対になくてはならない産業です。けっして消えてなくなることはありません。なので、長期的に見れば、政府も資金を注ぎ込むことになるでしょう。

そういう意味では、長い目で見れば有望なのですが、今、就職したらどうかというと、重労働で安い給料という壁が存在します。大変むずかしい問題です。

Ｖ　会社選びで注意すること

①　いま一番人気のある会社は危険かも

会社を選ぶとき、今、一番人気がある企業・産業だからという安易な理由では、後々、思わぬことになる可能性があります。それは、先ほどの石炭産業や繊維産業の例があるからです。

私は経済学部を卒業しました。私が就職活動をしていた一九七〇年代はじめ、経済学部の学生の一番人気は銀行でした。経済学部で成績のいい連中は、みんな銀行を希望したものです。Ａ（優）の数が三十個以上ないと銀行には入れないと言われました。私のようにＣ（可）の多い学生は、成績不問のマスコミでも志望するしかありませんでした。

銀行の中でも一番人気は、日本興業銀行や日本長期信用銀行などの「長期信用銀行」と呼ばれる業態でした。

長期信用銀行が、なぜ人気があったのか。それは、預金集めをしないでよかったからです。普通、銀行に入ると、支店に配属されて、まず担当するのが預金集めです。住宅街を一軒一軒回り、名刺を渡して、「○○銀行の得意先係の△△と申します。ぜひボーナスはうちの銀行に預金してください」ということを毎日やるわけです。一日五十軒は回れ、という類のノルマが課せられます。ここで好成績を残さないと、本社勤務は遠のきます。みんな必死です。

ところが長期信用銀行という業態は、「ワリコー」や「ワリチョー」、「ワリサイ」の愛称の割引債を発行し、これを企業や投資家に買ってもらって、お金を集めていました。これだと長期の定期預金のようなものなので、集めた資金を大企業に長期間貸すことができました。

なので、一般の預金者から預金を集める必要がなかったのです。これが人気の秘密でした。

ドブ板を踏んでお金を集めるような辛い思いをしないですんで、きれいなオフィスで日本経済を論じて、高い給料を受け取れる。これは人気が高くなりますよね。

ところが、やがて長期信用銀行という業態が時代遅れになってきます。一般の銀行が力をつけ、預金者からの預金も多額になって、大企業に長期間の貸し出しをすることができるようになったからです。

焦った長期信用銀行は、バブル期に不動産業に多額の融資を実施。これが不良債権の山を築いて、経営が傾いていったのです。いつしか長期信用銀行の業態そのものが消滅しました。

大学時代の同級生たちと、毎年クラス会を開いていますが、銀行に勤務していた人たちは、勤務していた銀行が消滅したり、早々と関連会社に出向したりしていました。最初に就職した銀行の名刺を持っている人は、相当早い段階でいなくなってしまったのです。

銀行員は、ほんとのひとにぎりのトップの人以外は、かなり早い段階で銀行を出ていかざるをえません。五十代の早い段階で、銀行の関連会社か、あるいは銀行が融資している企業に転職させられます。

取引先の企業にしてみれば、「うちの優秀な社員を引き取ってください」と言われると、拒否できません。その人を採用していれば、その人がいる限り、その銀行はうちの会社を見捨てないだろう、というわけです。人身御供ないしは人質です。

銀行から来るから、その人には高い年収を払わなければならないけれど、年収一〇

○○万円を払っていれば、少なくともその取引先の銀行から見捨てられることはない。一〇〇〇万円は保険料だと思えばいい、というわけです。

こうやって見てくると、銀行に入れば安泰だ、とみんなが思い、当時就職一番人気だったけれど、今になってみると、決して安泰とは言えなかったのです。金融危機がきたら、あっという間に合併を繰り返し、リストラの嵐が吹きました。

人気ばかりに目を奪われず、**企業は永遠ではないという事実を忘れないこと**です。

② 企業合併は融合に時間がかかる

企業合併は、なかなかむずかしいものです。二〇一一年五月、みずほ銀行とみずほコーポレート銀行の合併が決まり、それまでの経営陣の退陣も発表になりました。

みずほグループは、第一勧業銀行と富士銀行、それに日本興業銀行が統合して誕生しました。その際、大企業との取引が中心だった日本興業銀行の主流はみずほコーポレート銀行に、その他はみずほ銀行にと分けられました。

銀行が統合されると、それまで各銀行が使っていたコンピュータシステムも統一されます。このとき、一番優れているシステムに統一すれば話は早かったのですが、それぞれの銀行出身者が、自分のところのシステムを採用すべきだと譲りませんでした。その結果、それぞれのシステムを無理やり接続したものですから、システム障害がしばしば発生しました。

二〇一一年三月の大震災の直後にも、再びシステム障害が発生しました。震災直後、金融の流れを止めてはいけない重要な時期に銀行からの引き落としや振り込みができなくなるというピンチになったのです。この責任をとって経営陣が退陣し、二つになっていた銀行をひとつに統合することになりました。

日本の風土では、企業合併のたびに、こうした事態が発生します。みずほ銀行に統合された第一勧業銀行は、もともと第一銀行と日本勧業銀行の合併によって誕生しました。一緒になっても、常にバランス人事が行われました。たとえば支店長が第一銀行出身者であれば、その下には勧業銀行出身者を持ってくる、というように。それぞれがD（第一銀行）かK（勧業銀行）かの本籍地を持ち続けていたのです。

いまは三菱東京UFJ銀行の一部になった三和銀行。この銀行は、関西の三つの銀行が一緒になったので、「三和」（三つの和）と名づけられました。当然のことながら、三つの派閥が形成されました。この派閥がなくなり、完全に統合されるまで四十年かかったそうです。つまり、三つの銀行の出身者がいなくなり、三和銀行になってから入社した人ばかりになって、ようやく融合できたというわけです。

三菱東京UFJ銀行は、三菱銀行と東京銀行、三和銀行、東海銀行が一緒になったもの。はてさて、会社内は、どうなっていることやら…。

③ 企業研究では、社風を見ること

合併によって、社風も大きく変わります。ある銀行は、伝統的に女性パワーの活用が進んでいました。女性たちは私服で勤務していました。

ところが、伝統を重んじる重厚な銀行と一緒になったとたん、女性たちは制服の着用が義務付けられました。業務改善計画を上司に出す際、業務遂行の改善について提案した女性は、伝統行出身の上司に呼ばれ、「君ね、書くことが違うよ」と指導されたそうです。「私は誤字脱字をないようにしますとか、計算間違いをしないようにしますとか、女の子はそういうことを書くものだよ」と。呆れた女性たちが大勢銀行を辞めてしまったそうです。

こうしてみると、企業の社風は大事ですね。

企業研究のやり方としては、本で調べたり、ネットで調べたり、といろいろあります。ネットで公開されている会社の決算書を見る手もあるでしょう。いえ別に決算書が読めなくてもいいんです。読めないなりに目を通せば、この会社が伸び盛りか、斜陽企業か、全体の傾向は、なんとなくわかってくるものなのです。

あるいは、試験を受ける前に、その会社に行ってみてはどうでしょうか。

実際に自分の目で見て、社風というのを知ることはとても大事です。社風を知るためには、**OB訪問**という方法があります。ときどき間違えている人がいますが、OB訪問とは、それをきっかけに就職が決まるものではありません。実際に勤めている人の実感を聞くことができるというところがポイントです。

OBがいなくても、行きたい会社があったら、ツテをたどって、その会社の人に話を聞いてみて、社風を探ってみてください。そのまま就職につながるかもしれない、なんていうことは考えないほうがいいでしょう。

実際に自分の目で見たり、OBから話を聞いたりすることによって、本やネットでは知ることのできない社風を知ることができます。

行きたい企業があったら、**朝の出勤風景**を見るといいかもしれません。みんな疲れた顔をして、嫌々会社に入っていくか、あるいは、明るく楽しそうに入っていくか。社員同士が、「おはよう」と声をかけあっているか。会社のガードマンは、社員に向かって、「おはようございます、おはようございます」と声をかけます。それに対して、社員がまったく挨拶しなかったり、見向きもしなかったり、くたびれた様子で入っていったりする会社って、何だか嫌だなという感じがします。朝の出勤風景を見ると、その会社の雰囲気がよくわかります。

あるいは、**昼休みの風景**を見てもいいかもしれません。

会社から出てきた時に、あるいは、みんなでお茶や食事をしたりしているときに、会社の悪口ばかり言っている会社はどうかな、と思います。反対に、楽しそうに仕事の話をしていたり、生き生きと、みんなが仕事のことを考えているのが伝わってきたりすると、いい会社でしょうね。

④ 今、その会社は何歳か？

企業も、生まれて、成長して歳をとって、衰えて、場合によっては亡くなります。

企業の成長モデルで言うと、最初に、どこかの頑張っている人が、企業を創業する。その段階だと、会社を大きくしようとするけれど、社員を集めるのはむずかしい。その時に、たまたま知り合いと共同経営ができたり、支えてくれる人がいたりすると、企業は大きくなっていきます。

一九四六年、静岡県浜松市に設立された本田技術研究所は、自転車に補助エンジンを取り付ける業務から始まりました。創業者の本田宗一郎を藤沢武夫が補佐。技術のことは本田、経営のことは藤沢が担当することで、オートバイメーカーとして拡大。遂には四輪自動車の製造にも進出し、とうとう世界のＨＯＮＤＡに成長しました。

同じ一九四六年、東京の中央区日本橋では、井深大、盛田昭夫らが東京通信工業を設立しました。技術は井深、営業は盛田の体制で、テープレコーダーやトランジスタを開発。商標にＳＯＮＹを使い、世界のソニーに発展しました。

まだ名のないころ、どちらの会社も、人材の採用に苦労しました。当時のメンバーは、会社の発展と共に出世していくことになるのですが。

町工場から始まった会社は、大きくなるにつれて、やがては大学卒業者が入社するようになります。「遂に、うちの会社にも大卒が入ってきた」と、みんな驚いたり喜んだりするものです。

次にみんなが喜ぶ段階が、東大生が受けに来たときです。創業社長などは、「うちの会社も一流企業になった」と大喜びです。ただ、それが絶頂期かもしれませんが。

これはまったくの一般論ですが、東大生は頭は良いけれども、破天荒な発想をする人が、意外に少ない気がします。与えられた仕事をきちんとこなす点では、東大生のレベルは高い。会社が発展して大企業になると、東大生が重宝される。そこの会社の官僚になっていく人が多いのです。まさに官僚養成学校の面目躍如です。

ただ、こうして東大生が多くなり、会社の中核を占めるようになると、会社が次第に官僚化していく恐れがあります。こうなると、会社は成熟したとも言えますし、転機に立たされるようになったとも言えます。

大学卒がいない企業は、若々しい会社。大学卒が入るようになると、伸び盛り。東大卒が入るようになると成熟期。 いささか乱暴ですが、私は企業の成長期を、このように分類しています。

どこの会社とは言いませんが、いま放送業界での視聴率競争で苦戦しているキー局があります。この放送局は、東大出身者の比率が高いことでも知られています。この放送局の社員からは、「うちの会社は官僚的で」という愚痴が聞こえてきます。果たして関係があるのかどうか…。

VI 成長する企業の見分け方

① カリスマ経営者に注意

成長している企業にも、それなりのリスク要因があります。強大なライバル会社の出現、他業種からの参入、市場の消滅、等々。そんなリスクのひとつに、カリスマ経営者の存在があります。急激に成長した企業には、多かれ少なかれカリスマ経営者の存在があります。優れた経営者がいたからこそ、成長してきたのです。

ところが、中には、**経営者があまりに優れすぎていて、経営者を補佐する体制が整っていなかったり、後継者が育っていなかったりする企業があります。**こういう企業は危ういですね。

典型例がダイエーでした。天才・中内㓛さんが、ダイエーを急激に大きくしていきました。全国に店舗を拡大しました。でも、とてつもなく大きくなってしまうと、いくら優れた経営者であっても、一人ではすべてを見ることができなくなる。任せられる人がいればいいのですが、任せられる人がいないから、すべてについて、中内社長一人が、判断しなければならなくなる。

そうなると、すべての部門が中内社長の判断待ち。みんな待ちの姿勢で何にも決められない。おかしくなっていきます。

西武鉄道グループの堤義明さんも、そんなタイプでした。ホテルの部屋の調度からゴルフ場のコースの設備まで、すべて堤社長が決めていましたから、自分で判断できる経営層が育たなかったのです。

その点、本田技研は、本田宗一郎の下に藤沢武夫がいました。ソニーは、井深大の下に盛田昭夫の存在がありました。**カリスマを補佐し、後継者となる存在がいるかどうか。**カリスマ経営者のもとで急成長してきた企業に関しては、そんな観点からも見てください。もちろん、「自分が後継者になろう」というのなら、それでいいのですが。

② 名前が変わったら注目

私の身近では、学生時代に家庭教師をやっていた大学のゼミの後輩が、手広く仕事を広げていき、いつしか予備校に成長、それが株を上場して、本人は大金持ちに、というケースがあります。見事な成功というのは、あるものです。その過程で、経営する予備校の名前は変わっていきました。

岡山の書店が通信教育で発展したのが福武書店でした。業務が拡大し、「書店」という名称がふさわしくなくなったため、ベネッセコーポレーションになりました。

従来の会社の名前が変わって、全く違う名前になるのを見たら、業態が変わったんだ、さらに成長していくのだ、と見ることができるでしょう。ひとつのヒントになります。

もちろん、潰れそうになって会社の名前を変えるということもありますが、でも、そこはわかりますよね。

山口県の紳士服販売店だった小郡商事は、名前をファーストリテイリングと変えたところで、大きく発展します。展開した店舗の名前は、ユニクロでした。

名前が変わった会社は、伸び盛り、あるいはこれからの成長株かも知れません。

③ 新しいビジネスモデルの発見

今なら、「中国は人件費が安いから、中国の工場で作らせればいいや」と、誰でも思いつきます。が、それを実際にファーストリテイリングの柳井社長が初めて実行に移したときは、とても大変だったと思います。

中国で、どこに話をつけるのか、自社の工場を建てるのか、既存の工場に仕事を発注するのか、これを探るのは、大変なことだったはずです。

なおかつ、ただ安く作らせるのではなくて、品質のいいものを作らせるように指導・監督する仕組みを、どうやって組み立てるか、これが一番の課題です。人知れず、この問題にいち早く取り組んだことによって、現在のユニクロの快進撃があるのです。

ユニクロで商品を買うと、バーコードが印刷されたタグが付いています。買った後、商品に欠陥が見つかった場合、店に持って行き、「これ不良品だ」と渡せば、バーコードから、中国のどこの工場の、どの生産ラインで作られたかまでがすぐにわかる仕組みになっています。問題点は直ちに工場に伝えられ、原因を調べると共に、対策が取られます。

これによって、高度な品質管理システムが可能になったのです。

ファーストリテイリングが見つけた新しいビジネスモデルは大変なものです。そうやって**新しいビジネスモデルを構築することができれば、企業は大きく成長していきます。**

④ 生き残る企業とは

企業には、時代に合った転換が必要です。それができなければ、通常の企業の寿命は約三十年と言われています。

時代が変われば、消費者の嗜好は変化し、生活スタイルも変わっていきます。それに対応できないと、企業は衰退していってしまいます。

たとえば、昔プロ野球チームにあった大洋ホエールズ。ホエールズとは鯨ですね。これは、遠洋漁業で鯨を捕っていた大洋漁業のチームだからホエールズというチーム名でした。大洋漁業は、捕鯨で稼いでいた会社でしたから、商業捕鯨が禁止されれば大変なことになります。そのとき、それ以外の漁業で活路を開けるか、それ以外の分野でも稼げる事業を開発できるか、そこが生き残れるかどうかの分かれ目です。

プロ野球チームを所有している企業の変遷を見ると、企業の栄枯盛衰がよくわかりますね。国鉄スワローズはＪＲの前身、日本国有鉄道が所有していましたが、国鉄の赤字が急増して、球団を維持することなどできなくなりました。

国鉄スワローズの経営権を引き継いだのはサンケイ新聞（現・産経新聞）。チーム名をサンケイ・アトムズと変えましたが、新聞の部数減少によって、球団を維持できなくなり、現在のヤクルトスワローズになりました。

近鉄や南海などの鉄道会社の名前も消失しました。代わって、ソフトバンクや楽天など、現在元気な会社の名前が登場しています。

時代の変化に合わせて主な業態を変えて生き残った会社としては、アメリカのＧＥがよく知られています。

もともとは、ゼネラルエレクトリックといって、エジソン以来の電機会社でした。ゼネラルエレクトリックとは「総合電機」という意味ですね。しかし現在は金融業が主になり、会社名をＧＥとしました。

こんなふうに、企業には**約三十年の寿命**があって、その企業が変わらなければ、やがて消えていきます。その一方で、寿命が尽きる前に、全く新しい、その時代に合った業態に切り替えることができると、またその会社は続いていきます。**企業は、上手く変わることができれば成功するし、上手く変われなければ潰れていく。**同じ名前の会社だけれど、昔とやっていることが全く違う、そういう会社が生き残っていくのです。

変わらなければ生きていけない。これは、私たち人間も同じことです。

Ⅶ 公務員という選択

公務員と民間企業の違い

不況になると、公務員人気が上がります。景気が良くなると、公務員人気は下がります。わかりやすい反応ですね。

安定しているし、倒産がない、という理由で、公務員を選ぶ人が多いことがわかります。個人的には、安定しているだけの仕事って、面白いのかなあと思ってしまいますが。

もちろん、公務員でも、やりがいのある仕事はいくらでもあります。環境保護、都市開発、防災対策、教育の充実など、地域住民のための仕事はたくさん存在します。

公務員と民間企業では、何が違うのか。基本的に、その仕事で利益が上がるのが民間企業です。収益が上がる仕事なら、何も役所が引き受ける必要はありません。

一方、公務員というのは、その仕事をしても利益が上がらないようなことを、皆様の税金でやっている。そういう位置づけだと考えた方がいいでしょう。

利益が上がらないから、民間企業はやりたがらない。しかし、みんなのためになることだから、誰かがやらなければならない。そういう仕事を引き受けるのが役所であり、そこで働くのが公務員なのです。

最近の事業仕分けでよく言われるのは、「役所がわざわざやらなくても、民間に任せておけば、いいんじゃないですか」ということです。「この仕事は、役所がやらずに放っておいても、この仕事は儲かるからって、民間企業が手を出してくるんじゃないですか、わざわざ税金でやる必要はありませんよね」ということなのです。

そういう意味で言うと、**これから公務員を目指すのであれば、「この仕事は役所でなければできない」という、みんなから求められ、期待される仕事をすること**です。「自分がやらないで、誰がやる！」という仕事なのです。

そう考えると、公務員の仕事も、働きがいのあるものです。

仕事を選ぶときに

仕事を選ぶときは、何年か先に、自分はそこで何をしているんだろうと想像してみてください。

何年か先の自分の姿です。五年後、十年後、自分は、この会社（組織）で、どんなことをしているのでしょうか。

それを具体的に想像できるようなところがいいですね。皆目見当がつかないということであれば、考え直した方がいいかも知れません。あなたに合っていない可能性が大だからです。

アナウンサーや客室乗務員であれば、華やかな仕事をしているように見えますから（実態はそうでもないのですが）、人気があります。学校の先生も、仕事ぶりは容易に想像できますね。

ところが、公務員だと、五年後、十年後に自分が何をしているのか想像するのはむずかしいかも知れません。でも、どこの部署に配属されても、住民のためになる仕事だから、と思える人は、公務員が合っているのではないでしょうか。

Ⅷ

会社・業種選びのまとめ

以上のポイントをまとめてみましょう。

第一に、今輝いている会社が、二十年後、三十年後に、輝いているかどうかはわかりません。企業には寿命があるからです。

第二に、しかし、世の中のために、人々のために本当に役立っている会社や産業、業種は、決してなくなりません。

ただし、世の中のためになっていても、時代が変わって、より効率的な、世の中のためになるような産業や企業が出てきた場合には、負けることがあります。

常に、どうすれば、一番世の中のため人のためになるかを考えていれば、間違いないのではないでしょうか。

第三に、会社を選ぶのか、業種を選ぶのか。

会社の中で、ただ偉くなることを考えるのか、自分が本当にやりたい仕事を、やり続けられるのか。

会社の中で偉くなるだけでは、つぶしがききません。会社を通じて、いろんな技能を、技術を身につければ、あるいは、才能を花開かせれば、可能性は広がっていきます。仕事を通じて成長するとは、そういうことなのです。

会社を選ぶとき、自分がその会社に入って仕事をするときに、自分が成長できるかどうか考えましょう。自分が、その会社にすべて吸い取られ、つぶされていくなという会社は、避けたほうがいいでしょう。ここの会社に行くと、辛いかもしれないけれど自分が成長していける、力が身につくなと思えば、そこを選んだらどうでしょうか。

5章

いざ、就職試験・面接へ

I

就職活動には熱意が大切

最近の就職活動では、志望に際して、いろいろな手順が決められています。多くの会社が、会社のウェブサイトのフォームからエントリーシートをダウンロードし、指示に従って記入してメールで送る手順になっているようです。こんな手順になっているから、その網を潜り抜けてOB訪問などで企業の人から話を聞くなんてできない…なんてあきらめてはいけません。

どうしても入社したい会社があれば、自分で、知り合いなり、ツテをたどることです。いわゆるコネ入社は、私個人は嫌いですが、中には、まったくコネがなかったのに、無理やりコネを作って入社を果たした、という人もいるはずです。その熱意には感心します。それだけの努力をする学生であれば、会社としては悪い気はしません。そうやって入社してきた人なら、「なんとしてもこの取引先を攻略して、商品を売り込め」と言われたときに、きっとやり遂げることができるのではないか。会社は、そういうふうに見るはずです。

つまり、**就職したければ、それだけのことをやりなさい、それだけの熱意を持っていなければ駄目だよということです。**もちろん、それが必ず成功する保証はありません。ダメ元でもやってみる熱意があるかどうか、です。

私が就職活動をしていた頃、民放テレビ局は、どこも一般募集をしていませんでした。赤坂にある某テレビ局が、こっそり採用試験をすると聞きつけたので、本社まで「受けさせてくれ」と押しかけて行きました。

その放送局の人事担当者は、「社員の推薦がない人は受けられません」と言うばかりで、取りつく島がありませんでした。私はそこで諦めてしまったのですが、強い熱意を持っていれば、必死になって、その放送局の関係者を探し、推薦を頼む方法があったのに、と今にして思います。私には、それだけの熱意がなかったのですから、採用されるはずはありませんね。

でも、そのおかげで、学校推薦さえ得られれば受験できたＮＨＫを受けることができ、採用されたのですから、わからないものですね。

Ⅱ 面接対策を考えよう

① 面接準備について

第一印象を決める身だしなみは大切です。

身だしなみは大切だといっても、ワイシャツは白でなければいけないとか、そういうところが重要なのではなく、面接官に、**「明るく元気で清潔感がある、一緒に働ける人」**という印象を与えられればよいのです。

ヘアスタイルで言えば、男女ともに、茶髪は年配の面接官には軽薄に見られることを知っておきましょう。「就職試験に茶髪で来るような常識のない人物を採用したら、取引先とトラブルを起こしかねない」と考えますよ。

また、男性のピアスは、保守的な面接官をびっくりさせます。

とはいえ、これ以上服装に関して、いろいろ言うのはやめておきます。二十歳を過ぎていれば、あなたは大人なのですから、それくらいは判断すること。ただし、節電が叫ばれるこのご時世、暑いときはクールビズで。見る側に清潔感を与えるものを選びましょう。

面接対策をどうすればいいか、きっとあなたは心配でしょう。でも、付け焼刃の面接対策など役に立たないのです。向こうは面接のプロですから、簡単に見破られてしまいます。

「面達」という愛称で呼ばれた有名な面接の対策本がありました。『面接の達人』です。就職活動中の学生はみんな読んでいる本ですから、面接官も目を通しています。学生の受け答えを聞いて、面接官たちは、「ああ、また面達読んできた学生だよ」と呆れていたものです。マニュアル通りの受け答えは、かえってマイナスになるのです。ただ、場慣れするために、模擬面接をしてもらえる環境があれば、一度くらいは受けた方がいいでしょう。そもそも、面接がどんなものかわからないでしょうから、参考になるはずです。

最近は、大学の就職課（キャリアセンターなどの名称も）が実施してくれることもあるようです。私の頃の大学の就職課は、求人票を壁に貼り出すくらいのものでしたが。

② 面接官の気持ちになってみる

採用する立場になってみよう

面接というと緊張するかもしれませんが、まずは面接官の立場になって考えてみましょう。採用する立場になってみてください。

どういう人を選ぶか。

受ける学生にしてみれば、「どんな人を採ってくれるんだろう」「どんなことを言えばいいんだろう」と不安だと思います。

でも、採用する側は、簡単なんです。「こいつと一緒に、仕事ができるかな」と思いながら、学生たちの品定めをするのです。採用した学生と、一緒に仕事をすることになるのですから。大企業でしたら、別の部署に行くかも知れませんが、いつ自分の部署に部下として配属されるかもわかりません。

こいつは面白そうだとか、何だか見込みがありそうだとか、こいつとなら、一緒に仕事ができそうだな、という人材を採用するのです。顔の美醜は、基本的に関係ありません。

その一方で、「こいつとは絶対、仕事したくない」というムードを漂わせている人物は採用しません。二言三言会話をしただけで、「ずっと一緒にいるのはいやだなあ」ということがわかってしまったりします。

面接で、「なんでもできます、やります!」と威勢よくアピールする学生がいます。「元気でいいな」というレベルならいいのですが、「調子のいいやつだな」と煙たがられてしまう危険性が高いですね。「私はまだまだ未熟者」(その通りですが)と自覚しておくことです。

面接で質問を求められたら

面接で、「何か聞きたいことはありますか?」と話を向けられることがあるかも知れません。こんなときに、給料やボーナス、残業の有無、有給休暇など労働条件のことばかり質問すると、面接官は嫌がります。「こいつは、金と休みのことしか興味がないのか」と思われてしまいます。

むしろ、面接官に対して、**「どんなときに働きがいを感じられますか?」**と逆質問してはどうでしょう。「私は働きがいのある会社で働きたいのです。御社が、その会社だと信じているから聞くのです」ということをアピールしてみるのです。

なお、当然のことながら、自分の経歴に関して、作り話やウソはご法度です。簡単に見破られますし、いったんバレたらおしまいです。

③ 面接官との相性もある

人間ですから、面接をする面接官との相性というのもあります。相性がまったく合わない面接官に当たってしまうと、これは不運として諦めるしかない場合もあります。ただし、面接官がひとりだけということはありません。原則として複数です。ここにチャンスがあります。

一人だけで面接すると、面接官が偏った見方をしたり、まさに相性で拒否したりする可能性があることを企業側も自覚していますから、複数にしているのです。

最終的に内定を受けるまでに何度も面接を受ける場合は、最初は現場の人間、次第に取締役レベルへと、担当者のランクが上がっていきます。

最初の面接では、現場の人間と人事担当者の組み合わせというケースが多いようです。それぞれの立場からの視点で、会社にふさわしいかを見ていきます。

たとえば二人の面接官だった場合、二人が揃って、「こいつダメだな」と判断すると、残念ながら、そこでおしまい。二人とも「これはいい」となれば、一次面接はパスです。

問題は、片方が、「とてもいい」、片方が、「ダメ」と言ったときです。こういうこと、結構あるのですね。そういう場合は、一次面接はとりあえず通して、さらに上の判断を仰ごう、ということが多いようです。

面接官が二人の場合は、「いい刑事」「悪い刑事」を演じることもあります。刑事ドラマで、よくありますね。容疑者を二人の刑事が取調べをしているときに、若い刑事が容疑者を怒鳴り上げると、年配の刑事が、「まあ、まあ」と穏やかになだめながら取調べを続ける、という場面です。

面接の際、ひとりが学生に厳しい質問を投げかけ、もうひとりがニコニコしながら、優しい言葉をかける、という方法です。それぞれの面接官の態度に対して、学生がどんな対応をするか見定めるのです。

厳しい態度をとる面接官に反抗したり、落ち込んだりするようではダメ。めげずに丁寧に応対する態度が評価されます。

優しい態度をとる面接官にほっとして、馴れ馴れしい態度をとるのもダメ。あくまでも礼儀正しく応対することです。

面接官がどんな心証を持ったか、面接の途中で、何となくわかることがあります。最初は、硬い感じで始まった面接が、やりとりをしているうちに、次第になごやかになったり、笑顔が見えたり、リラックスし始める、という場合は、いい兆候ですね。反対に、終始ずっと壁があるような感じが続き、最後に事務的に「お疲れさまでした。結果は後ほどお伝えします」となったら、覚悟する必要があるかも知れません。

面接官の一人が厳しいことを言っても、もう一人が助け舟を出してくれることがあります。助け舟を出してくれる人は、あなたのことを高く評価してくれているのでしょう。こういうときは、助け舟にうまく乗りましょう。とりあえず、その面接は通過するはずです。

④ 面接は合コンと同じ？

自分が、「この人好きだな」と思うと、自分のことも好きでいてくれたり、「なんだか、この人苦手」と思えば、向こうも苦手だったりする。そんなこと、よくありますね。面接も同じと思いましょう。

そこで、**究極の面接対策は、「面接官を好きになること」**。

面接官の顔を見たら、「この人のこと好きだなあ」と自分に思い込ませることです。「この人、素敵だな、好きだな、この人と一緒に仕事したいな」と思いながら、受け答えをしていると、相手にも、その気持ちは伝わり、「この学生、なんだか感じがいいな」と思ってくれたりするのです。

「あなたと一緒に仕事をしたいんです！」というオーラを出しながら、受け答えをしてみてください。

言ってみれば、「合コン」と同じようなものです。感じがいい人を見つけたら、「あなたのことに関心があります」というオーラを送り、熱心に話しかける。そのうちに、相手もその気になってくれる…。**採用面接は、初対面の合コンみたいなものだと思って臨む**という方法もあるのです。

⑤ 面接で美人は得？

面接で美人は得か

都市伝説のように語られるのが、「面接で美人は得」という説。会社の実態を知らない説ですね。

美人やイケメンばかりを採用していて、会社が成り立つと思いますか？　肝心なのは仕事ができるかどうか、ですから。

アメリカでは、美人が、「君みたいな美人が職場にいると、みんなの気が散って仕事にならないから辞めてくれ」と言われて、裁判沙汰になった、というウソのような本当の話もあります。

会社の受付部門などで容貌重視の採用をすることもありますが、受付での対応がお粗末で客を逃してしまうこともありますから、顔だけで採用することはできません。私もいろいろな企業の受付に行きます。美人が多いことは確かですが、テキパキとした対応、細やかな気配りなど、明らかに能力の高さで採用されています。

とはいえ、見た目は重要です。

『人は見た目が9割』という本もありますが、見た目というのは、つまり第一印象のことです。**何となく感じのいい人とか、愛嬌のある人とか、こういう人は面接でも有利**でしょう。

逆に言うと、**第一印象がすごく悪い人は不利でしょう。**第一印象の悪い人が、その会社に入ったら、取引先に対しても、悪い印象を与えることが予想できます。それでは会社にとっての損害。そんな人は採用しませんね。

自分の第一印象をよくするためには、周りの人から学びましょう。

大学で、いろんな人に接していますね。そのときに、「あれ、この人、すごく第一印象がいいな」という人がいたときに、「どうして第一印象がいいのだろう」と分析してみるのです。

逆に、「あれ、感じ悪い」という人がいたら、「なぜこの人は、感じ悪いんだろうか」と考えてみましょう。

そうやって、周りの人を自分の教材にしながら、第一印象をよくしていきましょう。

NHKの笑えるお達し

ここで、私の経験をひとつ。NHKでは、テレビの画面に出るのはアナウンサーと決まっていた時代がありましたが、私が入局してしばらくたつと、記者も画面に出て、リポートするようになりました。

アナウンサーですと、見た目の印象も大切ですから、容貌もそれなりに判断材料になっていましたが、記者は「仕事ができるかどうか」だけで、まったく顔には関係なく採用されていました。ところが、記者もどんどん画面に出るようになると、人事部から面接担当者に内々のお達しが出ました。

「記者が画面に出るようになったからといって、顔で選ぶ必要はありません」

仕事ができるかどうかで選びなさい、顔で選ばなくてもいい、とお達しが出たんですね。当たり前のことなのに、わざわざお達しが出て、笑えてしまいました。

ディスカッション形式の面接は

最近は、ディスカッション形式の面接も多いようです。その場でテーマを与えられ、

「これについてディスカッションをしてください」と指示されます。

ここで見られる力は、協調性と指導力と発言力です。ディスカッションで、議長役を買って出て、ほかの学生たちに意見を言わせながら、全体の話をまとめていく。こんな力があれば理想的ですが、ほかの学生だって、黙ってはいませんね。議長役を奪い合うこともありそうです。なんだか嫌な気持ちになってしまいます。

こんなときに、強引に議長役を奪うと、「協調性なし。職場のトラブルメーカーになる可能性あり」と判断されます。

かといって、引っ込み思案で、指名されたら答える、という態度だと、「指導力なし」とされてしまいますし、まったく発言できないと、「発言力なし。おそらく仕事もできないだろう」と見られてしまいます。

なるべく議長役を狙うけれど、ほかの人が強引に議長役を目指してきたら、さっさと譲る。でも、自分からも発言を求めて議論をリードする。これを目指しましょう。なかなか大変なことですが、あなたがサークルやゼミなどで、いつも気をつけていれば、自然に力はついてきます。

Ⅲ 圧迫面接とは？

面接で男性経験を聞かれた女性も

もう随分前の話になりますが、某民放テレビ局のアナウンサー採用面接で、男性の面接官が女子学生に対し、男性経験の有無について聞いたそうです。この女子学生、まったく動揺せずに、けろっと答え、採用が決まったとか。

今ならセクハラ質問として大問題になるところです。現在は、こんなこと聞かれませんから、安心してください。

きっと面接官は、この女性が困ったことを聞かれたときに、うろたえるかどうかを見たのでしょう。これが、「圧迫面接」と呼ばれるタイプの質問です。わざと困るようなことを聞き、圧力をかけて、相手の反応を見るというやり方です。

たとえば、

「結局何が言いたいわけ？」

「それで通用すると思っているの？」

「全然ダメだね」

などといった言い方をして、**威圧的な言動で受験者の精神面の強さとストレス耐性を見極めるのが目的**です。こんなことを言われたら、ヘコタレますね。涙が出そうになるかも知れません。でも、そうなったら、おしまいです。「この程度でへこたれるようなヤツなら、社員になっても大成しない」と判断されるからです。

では、どう対処するのか。いきなりこう言われたら焦りますから、こんなタイプの圧迫面接がありうるのだと知っておくだけでも違いますね。こんなふうにやられたら、内心、「ほーら、来た！」と受け止め、笑顔で応対しましょう。

圧迫面接とよく似ていますが、**「追及面接」**という手法もあります。受験者の答えに対して、

「その理由は？」

「具体例はあるの？」

「どうしてそう思うの？」

と突き詰めていく面接です。**受験生の思い込みや体裁を整えるためのウソなどを見**

破るのが目的です。これも、落ち着いて対応しましょう。「だから…」などと言わずに、何度でも丁寧に答えましょう。

圧迫面接する理由は?

どんな会社が、なぜ、圧迫面接をするのでしょうか。

理由はいろいろあるでしょうが、一般向け商品を販売している会社に結構あるようです。

誰でも買うような商品を販売している会社にしてみれば、面接に来た学生やその家族もお客さんです。たとえ採用に至らなくても、今後ともお客さんであって欲しいですよね。

そうなると、試験で落としたために、その人や家族が反発して、お客でなくなってしまうのは困ります。

面接で優しい言葉をかけて、「自分はきっと大丈夫」と思わせておいて不合格にすると、学生は驚きます。不信感が募り、「この会社の商品なんか、今後絶対買うもんか」と思われてしまうかもしれません。そこで、わざと圧迫面接をやって、「ああ、自分は答えられなかった。自分は能力がないから、ここはダメだったんだ」と納得させるためだということもあるようです。「自分の能力が足りなかったんだ」と納得させるために、敢えて実施するという話を聞いたことがあります。

一方、そうやって圧迫面接を受けた上で、合格通知がきたら、嬉しいですね。「あ、ダメだったんだ」と諦めかけているときに採用内定通知が来たら、嬉しくて、「よーし、この会社のために頑張ろう」と愛社精神が湧いてくる。どちらに転んでもいい結果になるので、圧迫面接を実施するのだそうです。

ただ、普通の面接なのに、面接官の質問にプレッシャーを感じて、「圧迫面接を受けた」と勝手に思い込んでしまうこともあるようです。実社会は厳しいのです。普通の会話を「圧迫」と感じてしまうようなことのないように、気持ちはしっかり持ちましょう。

意外なタイプの面接も

学生の本音を引き出すためなら、いろいろな方法を駆使するという会社もあります。圧迫面接、追及面接のほかに、まったく逆のタイプの面接もあるようです。それが、

「褒《ほ》め面接」です。

人はほめられるとうれしいもの。そこから気持ちをほぐし、本音を聞きだすのが目的です。そのため面接官は、「実にすばらしい」「君こそ当社が待ち望んでいた人だ」などと目を輝かせながら話してきます。そこでいい気になって、自分の自慢話を始めたら…おしまいですね。常に謙虚な姿勢を崩さないことです。

その人の人間性を見るための手法もあります。**受付面接、電話面接、待合室面接**などです。

試験会場の入り口の受付が、実は面接官というケース。面接会場の中では、誰でも「いい人」を装いますが、会場の外では、意外に油断して本性が出てくるもの。会社は、それを狙っています。

学生が横柄だったり礼儀をわきまえない態度だったりすると、密かに減点されるのです。

また、用事を口実に電話をかけ、電話に出た学生の応答ぶりで評価をするのが**電話面接**です。

さらに、「ここで面接は終わりです」と宣言しておきつつ、雑談のような雰囲気で、面接官が話しかけてくるが、実はその後も面接は続いていた…というものもあります。

会社の建物の中に入ったら、いつどこで観察されているかわかりません。常に緊張感を持って臨みましょう。

6章
就活中のあなたへ

I 「働く」とはどういうこと?

人間は社会的存在

そもそも、社会に出るとは、どういうことでしょうか?

これまではずっと――もちろん大学生にもなれば、自分でアルバイトをして生活費や学費を稼いでいた人もいるかもしれないけれど――学生の間は、多くの人が親から学費を出してもらったり生活費を援助してもらったりしてここまできました。これから社会に出るということは、**一人前になる、独り立ちをする、自分で稼いでいかなければならない**ということです。

人間は、社会的動物あるいは社会的な存在です。社会の中でしか生きていくことはできません。働くということは、社会の中の一員として、社会を構成していく一人として、**社会から認められる立場になる**ということです。

たとえば、働くことによって、良い商品を作り出したり、良いサービスを作り出したりすると、それを喜んで買ってくれる人、使ってくれる人がどこかにいます。自分が作り出した商品やサービスが、どこかで誰かを喜ばせる。それによって、社会が成り立っていく。あなたが作り出した商品やサービスを喜んでくれる人がいることによって、あなたが存在する意味があるのです。

さらに、働いて稼いで税金を納めれば、その税金によって、社会や国が成り立っていく。言ってみれば、**国や社会を支える一員になる**ということでもあるのです。働くことには、こんな意味があるのです。

就職活動というと、まるでそれが人生の最大目標みたいに思っている人もいるかも知れません。そもそも、大学に入る時に、就職に有利な大学や学部を選んだりするほどです。

このため、就職活動が失敗すれば、そこですべて終わってしまうかのような強迫観念にかられているかも知れません。でも、そんなことはないのです。

就職活動なんて、長い人生の中で見れば、本当に途中経過でしかありません。大学受験もそうだけれど、そのときは、目の前にこれだけしかなくて、これが失敗したらどうなるんだろうと思ってしまうかも知れないけれど、後になってみると、長い人生の中の一つの通過点でしかなかったのだとわかります。

こういう長期的な視点を持って、自分の現在を思い浮かべてもらいたいな、と思うのです。心配したり神経質になったりする気持ちはわかりますが、しょせん長い人生の中の一コマにすぎないんだ、という思いをぜひ持って臨んで欲しいのです。

記者時代、仕事は教わるものではなかった

一般企業では、会社に入ると、それなりの研修制度があります。担当部署に配属されると、上司や先輩から指導も受けます。ところが、私がいた記者の世界では、かつては（今はどうか知りませんが）、新人記者を育てるシステムがまったく存在しませんでした。

入社早々の記者は、警察の記者クラブに配属され、上司であるデスク（原稿をチェックしてニュースに出せるように文章に手を入れる管理職）と顔を合わせることはありません。一緒にいるのは、一年ないしは二年程度上の先輩だけです。

私が最初に配属されたのは、島根県警察本部の記者クラブ。ほかの新聞社も含め各社二人ずつ。他社を見ると、どこの社も、先輩から丁寧な指導は受けていません。

新人記者が配属されると、初日だけは先輩記者が一緒に警察内部を回って紹介してくれますが、翌日からは、たったひとりで情報集めに回ることになります。

一年上の先輩から見ると、すぐ下にきた新人はライバルなのです。その後輩が仕事ができる人物だと、自分が出し抜かれかねません。なので、「勝手にやれ」というわけです。

事情は他の新聞社も同じこと。新人記者の面倒を、あまり見ていないのです。その代わり、他社の先輩記者が、見かねて声をかけてくれます。みんな辛い思いをしているから、他人事ではないのですね。私の場合、いろいろ教えてくれたのは、読売新聞と中国新聞の先輩記者でした。

やがて読売新聞に新人記者が入ってくると、今度は私がアドバイスするようになりました。お互いライバルなのですが、助け合いの伝統があったのです。

一年経って、私の下にも新人記者がやってきました。やはり初日は警察の中を案内しましたが、翌日からは、「自分で回れ」と突き放しました。

記者は、先輩から手取り足取り教えてもらうのではなく、先輩の取材方法を見て、手法を盗め、というわけです。

デスクも、厳しいものでした。デスクは、新人記者が書いた原稿をチェックするのですが、懇切丁寧に文章の指導をする、ということがありませんでした。原稿を出しても、どこが悪いか指摘しないまま、「書き直し」と言われてしまいます。私は経験しませんでしたが、中には、デスクが何も言わずに、書いた記者の目の前で、原稿をゴミ箱に捨てたり。

これはやりきれませんよね。原稿のどこが悪いか、自分で考えなければならないのです。何度も何度も突き返されながら、文章を書き直し、それが文章の訓練になるのです。

私は、なんとか文章がうまくなりたいと思ったので、深夜に放送局に上がり、デスクが赤鉛筆で真っ赤に直した自分の原稿を、清書して、書き写したりしました。文章の書き方を体で覚えたのです。あるいは、先輩が書いた原稿をこっそり書き写したりして、原稿の書き方を勉強しました。

どこの職場でも同じことですが、**教えてもらえるのを待っていてはダメ**なのです。

II 挫折の連続が人生だ！

親まで出てくる就職活動

就職活動に、親子そろってプレッシャーを感じているという話を聞きます。なんで、ここで親が出てくるのだ、と私などは思ってしまうのですが、いまや当たり前だそうですね。就職活動している学生は、四年制大学の学生なら成人しています。大人なんだから、自分のことは自分でやれ、と言いたくなります。

子どもの就職活動に親が乗り出し、子どもの代わりに親が説明会に出てきたり、問い合わせの電話をしてきたり。会社にしてみれば、この親は、「うちの子は親が面倒みなければ独り立ちできない未熟者です。採用しないでください」と頼んでいるようなものです。

もちろん、就職に関して親に相談していいのですが、実際の活動は、自力でやりましょう。こんなことをわざわざ言わなくてはならないのが情けないのですが。

そういえば、私が大学に入った一九六九年当時、「大学の入学式に出席する親がいる！」という驚きの新聞記事が掲載されました。大学生といえば大人。入学式に親が参列するなんて、まるで小学生みたいだという批判的な記事でした。当時の読者も、記事を読んで驚いたものです。いまならそれくらいで驚くなんて考えられませんよね。大学の入学式はもちろんのこと、卒業式だって親が出席して、別に不審に思われなくなっているのですから。

かくして、就職活動まで親子して一喜一憂。今こそ学生が親離れを果たし、独り立ちする時期に差しかかったのに。

挫折の連続が人生だ

就職活動は、順調にいくとは限りません。いや、むしろ順調にいくことのほうが少ないのです。私が就職活動していた頃は、景気がよく（オイルショックの直前でした）、大学生の就職状況は順調で、何社も内定をもらう学生が大勢いましたが、私は何社も試験で落とされました。ＮＨＫに拾ってもらい、感謝しています。

人生なんて、そんなにうまくいくはずないのです。今まで、とんとん拍子にきていたのに、就職試験に全部落ちて、「もう自分は駄目だ、死ぬしかない」と、子どもはうつ状態でひきこもり、親もショックでパニックになり、親子でカウンセリングを受けている。そんな話も聞きます。

そんな親御さんには、「いい加減にしなさい」と言いたくなります。

「子どものことに干渉するべきではありません。放っておきましょう」

せめてこのあたりで、一度は挫折を味わっておかないと、困るのです。いずれ入社すれば、挫折の連続です。そこで精神がポッキリ折れてしまわないように、今のうちに少しでも挫折を経験しておきましょう。挫折経験は大事なのです。

就職試験で悩んでいるお子さんに対して、親はこう言いましょう。

「挫折しないように、周りも親も助けてくれて、君は今日までできた。ここで君は初めて現実に直面する。これまで君は豪華客船に乗っていたようなものだ。ここからは、荒海をひとりで手漕ぎボートで進むのだ！」

人生は、挫折の連続なんです。挫折しながら成長していく。

挫折の積み重ねが、人生ですよ。思い通りにいかないし、思い通りになっている人なんて、いないんです。

日経新聞の最終面には『私の履歴書』が連載され、次々に単行本になっています。さまざまな会社・組織でトップに上り詰めた人たちの自伝です。これを読んでみると、全員が全員、若い頃に挫折しています。

逆に言うと、挫折をしたからこそ、トップに上り詰めることができたのでしょう。若くして挫折をしたことのない人たちは、途中で消えていきます。この人たちには、『私の履歴書』という本は出せないのです。

私も若い頃は、「こんなもの誰が読むの?」と思っていましたが、この歳になると、『私の履歴書』の面白さがわかります。

若い頃に、挫折したり、行き場がなくなったり、困ったり。みんな、そうやって苦しんでやってきたんだね、という意味で、勉強になるし、企業の上にいくということがどういうことなのか、見えてきたりもします。

「落ちこぼれ」が会社を立て直した

最近の『私の履歴書』で面白かったのは、武田薬品工業の武田國男元社長の話です。現在は、『落ちこぼれ　タケダを変える―私の履歴書―』として書籍になっています。

それによると、武田さんには、とても優秀なお兄さんがいて、この人が武田薬品の社長の後継者として育てられていたそうです。

一方で弟は、無試験で大学に入ったものの、勉強をしたことがないので、大学の授業についていけない。パチンコ店に入り浸っていたそうです。創業者一族の息子なので武田薬品に入社できたけれど、周りが誰も期待していないので、会社の主流の部署には配属されない。本人曰く、「落ちこぼれ」だったそうです。

「この人は出世して、いずれ社長になる人だ」と思えば、周りの人たちは、チヤホヤしたり、自分たちのいいところを見せたがったりします。

ところが、國男さんの本人談によれば、「創業者一族の息子だけれど、こいつは優秀じゃない」と思われていたので、周りが油断して、会社のいろんな悪いところが、みんな見えたのだそうです。

ところが、その社長候補のお兄さんが急死してしまいます。仕方なく、この〝どうしょうもない弟〟が社長に昇格します。

弟が社長になったときは、周りは、「あの馬鹿が社長になった。これで、この会社もおしまいだ」と思った、と本人談。

でも弟は、会社の中で落ちこぼれだったことで、会社の悪いところをみんな見てきましたから、どうすれば会社を立て直せるか、どうすれば社員がやる気を出すかがわかったのです。國男社長の大改革により、武田薬品工業は大躍進を遂げました。

武田さんは、そういうことをぬけぬけと、自分で書いています。いかに成績が悪かったか。いかに遊び呆けていたか。いかに仕事をしないで遊んでいたかの連続の自伝です。面白いでしょう？

就職活動で良い結果を出せないときには、就職のノウハウ本を読むより、「私の履歴書」シリーズを読んでみましょう。 就職活動に失敗したことで、その後成功をつかんだ人の話も多数あります。

いかに挫折することが重要かが、わかります。

Ⅲ　自分だけ決まらない…と落ち込んでいる人に

友人の「内定した」に焦らないこと

周りはみんな決まったのに…と落ち込んでいるかもしれませんが、思い通りにならないのは当たり前だし、実は、失敗した人は、いっぱいいるのです。

内定した人は、「内定した、内定した」と喜んで言い触らすかも知れませんが、実は言えない人も大勢いるのです。

言い触らす人の話ばかり耳に届くから、みんなが内定した、自分だけ取り残された、と思ってしまうだけです。

よく考えてみてください。「就職氷河期」の再来と呼ばれ、大学生の就職が大変だとニュースになるのですから、**内定が出ないまま焦っている人たちが大勢いるのです。**

就職が決まらないまま「就職浪人」の道を選び、七万九〇〇〇人もが留年しているのですから。

不思議なもので、成功した人は言い触らすから、そこばかりが目立って、みんなが成功しているように見えるかも知れませんが、そんなことはありません。みんなも同じプレッシャーを感じています。

就職浪人という選択

どうしても内定が出ない。卒業の時期は迫る。いっそのこと「就職浪人」を選択し、留年してしまおうか。こう悩む人もいることでしょう。就職のために留年するか否か。むずかしいところです。

今の日本の企業は、新卒採用が原則。このため、こういう悩みが起きるのですね。欧米ですと、大学を卒業したら、就職する前に一年間、海外旅行をして見聞を広めておこう、ボランティアを経験しておこう、というのがごく普通です。就職する際、その経験が評価されたりします。それに比べて、日本企業の遅れていること…。だから海外の企業に負けてしまうんだ…、などと私は怒るのですが、日本の企業が変わっていかない以上、就職活動する学生の悩みは続きます。

結論から言えば、就職のための留年という選択肢もありだ、とは思います。推薦入試などで現役で大学に入学できた人にとっては、留年はむしろ、いい挫折かも知れません。大学入学の際に浪人したつもりで、もう一年間頑張ってみるのもいいでしょう。ただし、学費を自分できちんと稼げるか、親が出すことを承知するか、によりますが。

留年する場合、翌年の就職活動で、このことをどう説明するか、考えておく必要があります。「就職が決まらなかったので留年したのです」という説明では、印象が悪くなります。

たとえば、短期間の語学留学をしておいて、「去年就職活動を始めたところ、自分の語学力のなさに愕然とし、このまま就職したのでは会社に貢献できないと考え、敢えて留年して語学に磨きをかけました」と説明するとか。

「自分はどんな仕事をしたいのか、一年間かけて世界各地を回って考えてきました」「大学を出てそのまま就職する前に社会を知りたいと考え、ボランティア活動をしました」とか。

ウソにならない程度に脚色をしながら、**留年の理由をきちんと説明できる自信があれば、留年の選択もあり**だと思うのです。

Ⅳ

働けるか不安な人に

自分は就職して、ちゃんと働けるのだろうか。会社に入るのが不安。社会に出るのが心配。そんな人は多いのです。あなただけではありません。

働けるかどうかわからない、その不安はわかります。でも、その不安は、みんな持っている不安なのです。

そこの会社で働いている人たち、傍目には自信満々のように見えますが、なんの、なんの。みんな入社のときは新人だったのですから、とても不安だったはずです。みんな、そこから始まっているのです。**先輩たちを見て、この人たちも、やっていけたんだから、自分もやっていけるだろう、と思うことです。**

その一方で、居直った考え方もあります。

もしあなたが、ある会社から内定をもらったら、その会社は、あなたがその会社で十分にやっていけると判断したのです。「仕事できるかどうか、採用を決めた会社の責任じゃないか」と考えることも可能です。

また、会社はあなたを採用して、毎月給料を払います。それだけのコストをかけるのですから、使い物にならなかったら、会社が困るのです。ですから、社員を育ててくれるはずなんです。自分には自信がなくても、会社が、仕事をできるようにしてくれるから大丈夫、と考えたらどうでしょうか。

そこから先は、もちろん自分でやらなくてはならないけれど、会社だって、「箸にも棒にもかからない、こいつはダメだ」では終われないから、何とかコストに見合った稼ぎをしてくれるように育ててくれるはずです。その部分は、安心してもいいのではないでしょうか。

居直ってみましょう。「私を採用したんでしょ。採用者責任はありますよね。三年たっても仕事ができなかったら、私の責任かも知れないけれど、少なくとも最初の一年くらいは、会社の責任でなんとかしてくださいね」と考えておきましょう。

V 会社を辞めたいと思った時は

会社は長期的に人事を考える

まだ、就職も決まっていない段階で、会社を辞めるなんて考えていないと思いますが、入社したら思い出して欲しいことがあります。**会社を辞める決断は、時間をかけたほうがいい**ということです。

会社に入ってみると、当初予想していたのとは違うことが随分とあるものです。自分は企画部門の仕事をしたかったのに、営業に回された。営業をしたかったのに在庫管理の仕事をさせられた…想定外の事態はいくらでも発生します。

会社を辞めたいと思ったとき、考えて欲しいこと。それは、「そもそも、この会社の社風が嫌なのか」「たまたま配属された仕事が嫌なのか」ということです。

本当に自分に合わない会社なのか、たまたまそういう時期なのか、ちょっと様子を

見るために、少し我慢してみる、ということが必要でしょう。

会社の体質や社風、仕事全般が嫌いで嫌いでたまらない、ストレスで身も心もズタズタ、という状態が続くなら、辞めることを考えるのもわかります。

ところが、企画部門の仕事をしたいのに、在庫管理に回されて腐っている…という状態でしたら、ちょっと待てよ、ということなのです。

会社は、高いコストをかけて新入社員を育てます。将来さまざまな仕事ができるように育てたいと考えると、長期的な人事政策を実施します。営業や在庫管理などの仕事を経験させながら、この人はどんな仕事に一番向いているか調べよう、ということもあるでしょう。将来は会社の幹部になってもらうのだから、会社のあらゆる仕事を体験してもらおう、と考えているのかも知れません。

あるいは、人材を育てるために、最初に敢えて辛い仕事、一見つまらなそうな仕事をさせているのかも知れません。

そう考えられるかどうか、です。

私の大学時代の友人は、ある大手出版社に入ったところ、倉庫での在庫整理をさせられたそうです。

出版社が出版した書籍は、いったん書店の店頭に並べられますが、売れなければ返品されます。大量に印刷したのに、全然売れないで返品の山というのは、出版社にとっての悪夢。返品整理という肉体労働から仕事を始めさせ、返品がいかに出版社にとって恐ろしいかということを、身をもって覚えさせたのです。

その彼は、週刊誌の記者や文芸雑誌の編集者など、さまざまな仕事を体験し、現在は取締役になっています。

在庫整理をさせられた段階で腐って辞めていたら、今の彼はありません。

NHKでは、入社すると研修中に、受信料の徴収を実際に体験します。私の時は二日間でしたが、現在はもっと長くなっているはずです。同期入社の中には、この研修で嫌気がさして辞めた者がいました。その後、どうなったことやら。

その会社にいたら、定年退職まで、自分が嫌な仕事をさせられる…ということがなければ、少し待ってみましょう。

在庫整理で、返品がいかに出版社にとって大変なことか、身をもって知れば、売れる本作りに力が入ります。受信料を徴収することの大変さを知れば、「貴重な受信料で番組を作るのだ」という意識が生まれます。これが、長期的な人事政策なのです。

今、若い人が我慢できず、すぐに会社を辞めてしまいます。もう我慢できないと思うことがあるかもしれませんが、そういうときには、三年先の自分をイメージしてみましょう。

「三年以上たっても、自分はここで、この仕事をしているのだろうか？　三年たてば、別の仕事をしているのだろうか？」

こういう目で周りを見てみましょう。「石の上にも三年」ということわざの意味もわかるのではないでしょうか。

遊んでいたからこそ成長する

ユニクロの社長は、大学時代、遊び呆けていたそうです。なんだか武田薬品の武田國男元社長のエピソードを思い出しますね。会社を大きく発展させた人たちの中には、大学の授業にまともに出ていなかったり、遊び呆けていたり、成績が悪かったりした人たちが多いのです。会社を伸ばす破天荒な発想というのは、落ちこぼれの人から多く生まれるようです。

ノーベル賞の受賞者にも、子どもの頃、勉強が嫌いだった人や、野山を駆け巡っていた、という人が多いのです。それなのに、親は、子どもに無理やり勉強させたり、塾に行かせたりするんですね。

芸能人を見ていると、いわゆる学校の偏差値と地頭《じあたま》というのは全く違うなと思います。

私は、民放テレビでタレントさん相手にニュースを解説するという仕事をすることで、実に多くのタレント、芸人さんと知り合いになりました。お笑い芸人の場合、学校時代の成績が悪かったり、不良だったり、学校を中退したり、という人が多くいます。ところが、一緒に仕事をすると、その人たちの理解力の早さ、応対の見事さに感嘆させられます。芸能界で成功している人たちは、みんな地頭がよく、努力家なのです。

学校の成績が悪かったことで、世間的には、いわゆる偏差値が低かったのかも知れませんが、たまたま学校で勉強の楽しさを知ることがなかっただけではないかと思うのです。

でも、勉強をしないで遊んでいたことで、世間が理解でき、人情の機微を知り、人付き合いが達者になったのでしょう。たっぷり遊んでいたからこそ、芸能界などの社会で成功しているのです。

あなたは、就職活動で、「もっと勉強しておけばよかった」と後悔しているかも知れませんが、勉強の代わりに得たものもあったはずです。それを考えれば、決して後悔することはないのですよ。

出過ぎた杭は引っこ抜かれる

出る杭は打たれる。日本には、こんなことわざがあります。周囲より目立つとロクなことがない。他の杭と同じ高さでいるのが一番、という意味です。

でも、出過ぎた杭は、処理に困るので、引っこ抜かれるのです。出過ぎた杭になれば、とても目立ちますから、評価してくれる別の部署の上司に引っこ抜かれて栄転する、ということがありえます。

あるいは、仕事ぶりなどが他の会社の人たちから評価され、「わが社に来ないか」と誘われることもあります。

少しばかり目立つと叩かれるけれど、目立ち過ぎれば、かえってプラスになる。

「出過ぎた杭は引っこ抜かれる」というのは、そういう意味の言葉です。

会社に入って、もし誰かに叩かれることがあれば、この言葉を思い出しましょう。

VI 就職以外の道もある…

もっと勉強してみるか

就職活動が、どうしてもうまくいかなかった。あるいは、いきそうもない。そんなとき、「もう人生真っ暗闇だ」などと考えるのはやめましょう。そんなことはないからです。長い人生の一幕にすぎない今。あなたの可能性はいくらでもあります。**就職活動が行き詰まったら、とりあえず別の道も探ってみましょう。**

そのひとつが、もっと勉強してみるという選択肢です。

先ほど、就職浪人の可能性にも触れましたが、留年ではなく、大学院への進学、専門学校での専門知識習得、海外留学などの道もあるのです。

今の大学で就職が厳しいなら、さらに自分を磨き、新しく生まれ変わった自分になって、再度就職にチャレンジという道もあるのだということを、頭の隅にでも置いておきましょう。

就職できないなら起業する?

企業への就職がむずかしいなら、自分で企業を作ってしまうというのが、究極の別の道です。起業家という選択です。

日本はアメリカなどに比べて起業する若者が少ないと言われることがありますが、それって本当でしょうか? 私は天邪鬼《あまのじゃく》なものですから、ついそう思ってしまいます。だって、全国に中小企業がたくさんあるではないですか。あの中小企業は、誰かが起業したからこそ、存在しているのではありませんか? 確かに、マイクロソフトのようにとてつもなく大きくなっている会社は、そうはありませんが、ソフトバンクだって楽天だって、ひとりの若者が作った会社ではありませんか。

今ある老舗の企業だって、昔、誰かが起業したから、存在しているはずです。

現在の関西電力は、かつては大阪電燈という会社でした。ここで働いていた若者が、電灯の二股ソケットのアイデアを思いつきました。「ソケットを二股にすると、そこからも電気がとれる。この二股ソケットのアイデアで会社を作ろう」と、安定していた会社を辞めて、自分で起業したことによって、松下電器（現パナソニック）が生まれました。

日本の若者たちにも進取の精神に富んだ人が大勢いたのです。そして、これからも多数生まれてくるでしょう。その一人になるという選択肢だってあるのです。絶望はやめましょう。

おわりに

もし、どこかから多額の遺産が転がり込んで大金持ちになり、「働かなくていいよ」と言われたら、あなたはどうしますか？　夢のような生活ですね。毎日遊んで暮らせます。きっと楽しいことでしょう。

でも、何日か何週間か何ヶ月か経つと、次第に辛くなってくるはずです。朝起きたときに、「さて、きょうは何をしようか」と考えても、思いつかなくなってくるかも知れません。

最初は楽しいかも知れませんが、やがては、人生がつまらなくなってしまうはずです。ただ遊んでいろと言われたら、それは恐らく苦痛になるはずです。

それほどに、仕事は大事なのです。

人間にとって、仕事はやりがいであり生きがいであるとともに、人間は仕事による自己実現を求めるのです。

人間は社会的な生き物です。社会の中に生き、活動し、自分の存在価値を見出すことで、生きていられます。

生きがいを見つけるひとつが、働くことです。あなたが働き、世の中に役立つ商品やサービスを作り出す。それを買ったり、利用したりした人が喜んでくれる。このとき、あなたは喜びを感じることでしょう。

自分の存在が、世の中に、なんらかの形で役立っている。それを自覚することは、自己実現でもあります。どうか、そういう仕事を見つけてください。

もちろん、やりがい、生きがいと給料というのは、正比例するとは限りません。いえ、往々にして反比例するかも知れません。やりがいのある仕事は給料が安く、給料の高い仕事は、なかなか生きがいが見出せない。意外にそんなものかも知れません。そのバランスが大変むずかしいのですが、そのバランスを考えていくのが人生なのです。

就職活動を始めるまで、これほどまでに自分の将来のことを考えたことはなかったのではないでしょうか。

「これからどうしようか、どういう働きをしていけばいいのかな」と考えることは、なかなかなかったはずです。

就職活動は、容易なことではありません。しかし、これを機会に、自分の人生を改めて見つめ直し、今後の人生設計を考えていく。それには絶好のチャンスです。

今は就職難ですが、だからこそ考えられることが、たくさんあるはずです。実は就職難こそ、人生を考えることができるチャンス。就職難こそチャンスと受け止めて、あなたの人生を切り開いてください。

二〇一一年七月

ジャーナリスト　池上　彰

著者略歴：池上　彰（いけがみ・あきら）

1950（昭和25）年長野県生まれ。

1973（昭和48）年慶応義塾大学経済学部卒業後、NHK入局。32年間記者として事件、災害、教育、消費者問題などを担当。

1989（平成元）年からニュースキャスターとなり、1994（平成６）年に始まった「週刊こどもニュース」でおとうさん役をつとめる。丁寧でわかりやすい解説は子どもだけでなく大人まで人気を得た。

2005（平成17）年３月にNHKを退職後、フリージャーナリストとして世界のニュース現場を取材に飛び回る一方、テレビ、ラジオ、新聞、出版など多方面で活躍中。

著書に『伝える力』『教えて！池上さん最新ニュース解説』『知らないと恥をかく世界の大問題』『そうだったのか！現代史』『先送りできない日本』『池上彰のメディアリテラシー入門』など多数。

池上彰の就職読本《しゅうしょくとくほん》
～就職難もまたチャンス～

ISBN-978-4-86053-107-2
2011年７月24日初版第１刷発行　　定価〔本体1400円+税〕

著　者　　池　上　　彰
発行者　　佐　藤　民　人

発行所　**オ　ク　ム　ラ　書　店**
〒101-0061　東京都千代田区三崎町2-12-7
電話東京03-3263-9994
振替00180-5-149404

製版・印刷　㈱シナノ